Guía completa del cultivo de las peras

Filippo Lalatta

GUÍA COMPLETA DEL CULTIVO DE LAS PERAS

A pesar de haber puesto el máximo cuidado en la redacción de esta obra, el autor o el editor no pueden en modo alguno responsabilizarse por las informaciones (fórmulas, recetas, técnicas, etc.) vertidas en el texto. Se aconseja, en el caso de problemas específicos —a menudo únicos— de cada lector en particular, que se consulte con una persona cualificada para obtener las informaciones más completas, más exactas y lo más actualizadas posible. EDITORIAL DE VECCHI, S. A. U.

© Editorial De Vecchi, S. A. 2018
© [2018] Confidential Concepts International Ltd., Ireland
Subsidiary company of Confidential Concepts Inc, USA
ISBN: 978-1-64461-174-6

El Código Penal vigente dispone: «Será castigado con la pena de prisión de seis meses a dos años o de multa de seis a veinticuatro meses quien, con ánimo de lucro y en perjuicio de tercero, reproduzca, plagie, distribuya o comunique públicamente, en todo o en parte, una obra literaria, artística o científica, o su transformación, interpretación o ejecución artística fijada en cualquier tipo de soporte o comunicada a través de cualquier medio, sin la autorización de los titulares de los correspondientes derechos de propiedad intelectual o de sus cesionarios. La misma pena se impondrá a quien intencionadamente importe, exporte o almacene ejemplares de dichas obras o producciones o ejecuciones sin la referida autorización». (Artículo 270)

ÍNDICE

Introducción 9

Características botánicas y fisiológicas 11
Aspectos biológicos 12
La actividad en la producción 13
La actividad de las raíces 16
La actividad hormonal. 17

Las principales exigencias climáticas. 18
La temperatura y las precipitaciones 18
La lucha contra las condiciones climáticas adversas 20

Los suelos más adecuados. 22

Las operaciones previas a la plantación. 25
La preparación del suelo 25
El abonado de fondo y las correcciones eventuales 27

La selección de la variedad. 29
Las variedades de interés comercial. 30
    Blanquilla o Agua de Aranjuez 32
    Doctor Jules Guyot o Limonera. 32
    Williams. 33
    Abate Fétel 33
    Conferencia. 34
    Decana del Comicio 35
    Castell 35
    Cascada 36

GUÍA COMPLETA DEL CULTIVO DE LAS PERAS

Alexandrine Douillard o Condesa	36
Ercolini o Coscia	36
Las variedades para el aficionado	36
Mantecosa precoz Morettini	37
Max Red Bartlett o Williams roja	37
Buena Luisa de Avranches	38
Mantecosa Clairgeau	38

LOS INJERTOS Y LOS PORTAINJERTOS	39
La elección del portainjerto	39
El pie franco	39
El membrillero	40
El injerto	41
Los distintos tipos de injerto	44
El injerto de escudete (de yema en T)	44
El injerto de hendidura	44
El injerto de corona	45

LA PLANTACIÓN	47
Algunos consejos prácticos	47
La técnica de la plantación	48
Las asociaciones	48

LA PODA	50
La poda de formación	50
La palmeta de ramas oblicuas	51
El huso	52
La pirámide	53
La poda de fructificación	54

EL TRABAJO DE LA TIERRA Y LA ESCARDA	58
Algunos ejemplos del trabajo del suelo	58
El acolchado	60
La escarda química	61
Los herbicidas de contacto	61
Los herbicidas de absorción radical	62
Los herbicidas sistemáticos de absorción foliar	62

ÍNDICE

La fertilización 63
El suelo 64
Aspectos biológicos 64
Los aportes de abono y las técnicas de cultivo 65
La evaluación de las exigencias de abono 65
    El análisis del suelo 66
    El análisis foliar 67
    Los criterios de restitución. 67
    La observación directa 68
Las consideraciones prácticas 68

El riego. 72
Generalidades 72
Los sistemas de riego 74
    Por infiltración 74
    Por aspersión 74
    El riego localizado 75

Las enfermedades y los enemigos del peral.
    La lucha fitosanitaria 77
Los parásitos vegetales 79
    El moteado 79
    El chancro común 81
    El momificado de los frutos 82
    El mal del plomo. 83
    La podredumbre blanca de las raíces 84
    El fuego bacteriano 85
Los parásitos animales. 86
    La psila 86
    El piojo de San José. 87
    El gorgojo de invierno del peral. 87
    El mosquito del peral 88
    El hoplocampo del peral 88
    La carpocapsa 89
    La zeuzera 91
    El pulgón ceniciento del peral. 92

GUÍA COMPLETA DEL CULTIVO DE LAS PERAS

EL CULTIVO BIOLÓGICO	93
Los elementos que constituyen el suelo	93
Las sustancias minerales	95
La materia orgánica	95
Conocer la naturaleza del suelo	96
¿Cómo pasar del cultivo tradicional al cultivo biológico?	97
El cultivo biológico aplicado a los perales	98
El suelo	98
La selección de las variedades	99
El mantenimiento	99
La lucha contra los agentes patógenos y las enfermedades	99
LA RECOLECCIÓN Y LA CONSERVACIÓN	101
La recolección	101
Algunos consejos prácticos	103
La conservación	104
La prerrefrigeración	104
La refrigeración	105
La atmósfera controlada	106
La maduración complementaria	106
LA UTILIZACIÓN INDUSTRIAL	108
Las peras en almíbar	108
Las pulpas, compotas y néctares	109
COSTES DE PRODUCCIÓN Y REGLAMENTACIÓN	111
Estimación de los costes	111
La reglamentación del mercado	113
Clasificación	113
Tolerancia de calidad	114
Tolerancia de calibre	115
Presentación	115
Homogeneidad	115
Acondicionamiento	115
RECETAS	117

INTRODUCCIÓN

El peral es una especie frutal muy extendida en España, al igual que en toda la Comunidad Europea. Su cultivo reviste desde hace tiempo un carácter intensivo y especializado que convive con el tradicional huerto de tipo familiar.

El cultivo de la pera con finalidades comerciales es objeto de prácticas agrícolas modernas y racionales; requiere recursos financieros importantes y, para ser rentable, debe disponer de estructuras adecuadas para la conservación y la comercialización de los frutos. Eso es obviamente válido para las peras que se consumirán tal cual (fruta de mesa) o para las que están destinadas a la industria conservera (peras en almíbar y zumos).

Dentro del marco familiar, el cultivo del peral forma parte de una vieja tradición europea según la cual se guiaba su desarrollo adoptando «formas obligadas», como se puede ver todavía en algunos ejemplares de nuestros campos. Hoy día, aún despierta un gran interés, y muchos aficionados cultivan esta fruta de forma satisfactoria.

El peral y el manzano tienen algunos aspectos fisiológicos y técnicos en común, pero determinados problemas como la elección de la variedad y el portainjerto merecen especial atención.

CARACTERÍSTICAS BOTÁNICAS Y FISIOLÓGICAS

El peral pertenece a la familia de las rosáceas y al género *Pyrus,* que incluye numerosas especies que se clasifican en especies «occidentales» y «orientales».

Pyrus communis, originario de Asia, de donde provienen las numerosas variedades cultivadas por selección natural o tras mejoras realizadas por el hombre, forma parte de las especies occidentales.

Pyrus communis pyraster crece en estado salvaje en distintas zonas mediterráneas y se utilizaba antes como portainjerto.

Pyrus salicifolia y *Pyrus amygdaliformis* son otras dos subespecies que viven en climas cálidos y áridos, pero no presentan ningún interés para el cultivo.

Pyrus ussuriensis, *Pyrus calleryana*, ornamental, *Pyrus betulifolia*, empleada como portainjerto, etc., pertenecen a las especies orientales; *Pyrus serotina*, caracterizada por sus frutos redondos y jugosos (pero de mala calidad) y su poca necesidad de frío.

Se distinguen en el peral dos partes esenciales: la parte aérea y el aparato radical. En el caso de los perales cultivados, esas dos partes no pertenecen a la misma planta, ya que el sistema radical lo proporciona el portainjerto, que tiene sus propias características. En su forma natural, el ramaje alcanza una altura y una expansión notables. Las ramas de la estructura sostienen las ramas de frutos o coronas que producen a su vez los dardos y luego las yemas fructíferas.

Los brotes, producidos por yemas de madera, empiezan a desarrollarse en primavera, terminan su crecimiento en agosto y pierden sus hojas en noviembre. En la axila de esas hojas se han formado nuevas yemas que permanecen latentes durante todo el invierno.

Las flores, reunidas en inflorescencias (corimbo) son hermafroditas, de pétalos blancos, muy visibles; tienen numerosos estambres y un ova-

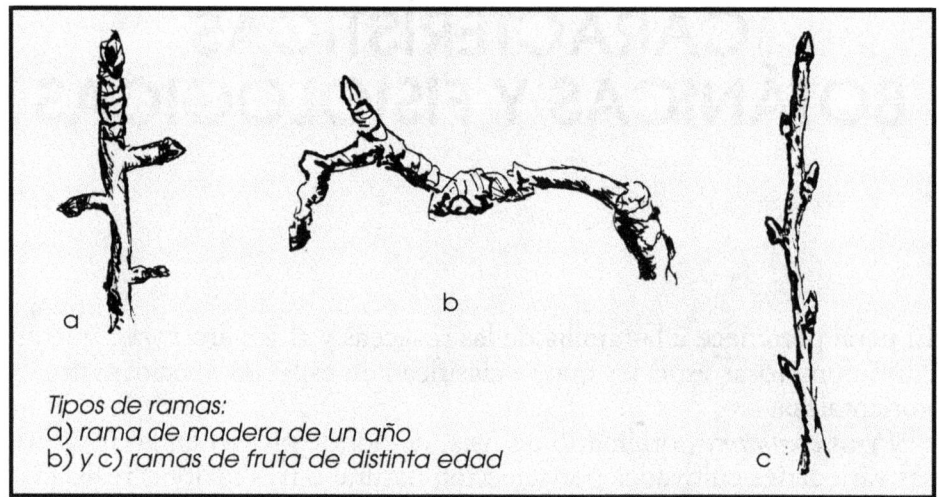

Tipos de ramas:
a) rama de madera de un año
b) y c) ramas de fruta de distinta edad

rio compuesto por cinco carpelos provistos de dos óvulos. Si todos estos son fecundados, la pera contendrá diez pepitas.

La forma de los frutos es muy variable. Va de la forma típica, medianamente alargada, a la forma redondeada y con tendencia esferoidal pasando por la forma más ahusada.

El pedúnculo (longitud, espesor y ángulo de inserción) también es típico de la variedad. El color de la epidermis es a menudo verde (que tiende al amarillo en la madurez), pero ciertas variedades están punteadas de rojo o presentan zonas rojas. Las peras completamente rojas son muy poco habituales.

Aspectos biológicos

El peral tiene una larga vida (más de sesenta años si las condiciones son favorables). A un periodo juvenil improductivo le sigue una fase de productividad estacionaria y luego una fase de crecimiento. En el cultivo industrial, el árbol es sustituido cuando ya no proporciona un rendimiento rentable. En el peral se puede distinguir un *ciclo de vegetación* y un *ciclo de fructificación*. El primer proceso es anual y se subdivide en tres fases:

CARACTERÍSTICAS BOTÁNICAS Y FISIOLÓGICAS

— desarrollo de las yemas (de abril a junio-julio);
— elaboración (desde julio hasta la caída de las hojas);
— descanso (desde la caída de las hojas hasta el mes de abril siguiente).

Cada una de estas fases está regulada por hormonas que influyen en el proceso de nutrición, vegetación y reproducción.

La *fotosíntesis* es una función fundamental en las fases de crecimiento y elaboración (es decir, de abril a octubre). Se trata de un proceso por el que las plantas con clorofila transforman la energía luminosa de origen solar en energía química, utilizando el agua absorbida por las raíces y el gas carbónico absorbido por las hojas para producir azúcares, almidón, así como otras sustancias orgánicas que la planta necesita.

El fruticultor deberá, en consecuencia, utilizar todos los medios disponibles para garantizar la integridad y la eficacia de las hojas contra los distintos factores que pueden atacarlas:

— parásitos vegetales o animales;
— carencias nutritivas;
— exceso de sombra, etc.

El primer síntoma del mal funcionamiento de las hojas se caracteriza por la atenuación del color verde. Si la actividad de la vegetación es demasiado intensa y las yemas crecen con demasiado vigor, la fructificación se verá entorpecida. Se constata este fenómeno con mayor frecuencia en los árboles jóvenes injertados en portainjertos vigorosos, y en los que han sido podados en exceso.

La actividad en la producción

La fructificación del peral dura dos años y se realiza entre los quince y dieciséis meses aproximadamente. Durante el primer año, a principios de verano, las yemas florales se forman sobre la madera de una edad de dos a tres años. Provienen de yemas inicialmente indiferenciadas en cuyo interior surgen poco a poco los futuros órganos de la flor.

En el transcurso del verano y el otoño, se observa una diferenciación progresiva de esos tejidos y la formación del cáliz, los pétalos, los estambres (órgano masculino) y el pistilo (órgano femenino que comprende el ovario).

La diferenciación continúa tras el periodo invernal con la formación de los gránulos polínicos y los óvulos. Las yemas son las primeras que crecen y se abren en el mes de marzo, dejando paso a las flores completas preparadas para ser fecundadas. La fecundación comprende dos fases:

— la polinización, es decir, el transporte del polen por las abejas al estigma del ovario;
— la fusión del núcleo espermático del polen con el núcleo femenino. De esta fusión se forma la pepita, mientras el ovario y los tejidos que lo envuelven, que se abren rápidamente, dan lugar al fruto. Este proceso se llama *granazón*.

Obsérvese que el polen de una flor no es capaz de fecundar el ovario de la misma flor ni el ovario de flores pertenecientes a la misma variedad. En efecto, las distintas variedades de peral son, como muchas otras especies, en parte autoestériles. Es, pues, evidente que una peraleda, constituida por una sola variedad, lejos de otros grupos de perales, no puede fructificar.

La *interfecundación* o fecundación cruzada, por establecimiento de una variedad polinizante, asegura su buena fructificación.

A medida que avanza la estación, los frutos fecundados crecen poco a poco, y una parte de estos cae a menudo entre mayo y junio según la competencia nutritiva. En algunas variedades, los frutos pueden desarrollarse incluso sin fecundación y alcanzar la madurez sin pepitas (*partenocarpia*).

En todos los casos, el fruto se enriquece progresivamente de lo que elaboran y producen las hojas (azúcares, ácidos, celulosa, etc.) y de elementos absorbidos por las raíces (sales minerales como calcio y potasio), y madura poco a poco (maduración de finales de junio a mediados de octubre según las variedades).

Una pera madura contiene de media más de un 80 % de agua, de un 10 a un 12 % de azúcares y un 0,5 % de ácidos. El contenido en vitaminas no es muy alto, pero los componentes del fruto tienen en conjunto un gran valor dietético, que permanece, por así decirlo, inalterado du-

CARACTERÍSTICAS BOTÁNICAS Y FISIOLÓGICAS

rante varios meses después de la cosecha.

Con un portainjerto reproducido por siembra, el peral no empieza a dar sus primeros frutos hasta después de muchos años; su periodo juvenil, caracterizado por yemas vigorosas, hojas pequeñas y ramas espinosas es, en efecto, muy largo.

En cambio, el peral injertado sobre membrillero fructifica bastante rápidamente. La precocidad de la fructificación depende de la aptitud que tiene el árbol para formar yemas fructíferas a partir de los primeros años. Esta característica, relacionada con la variedad pero sobre todo con el portainjerto, está influida positivamente por una gran disponibilidad de producción de hojas y de sustancias nutritivas, así como por la presencia de hormonas particulares, generadas por las hojas y las raíces.

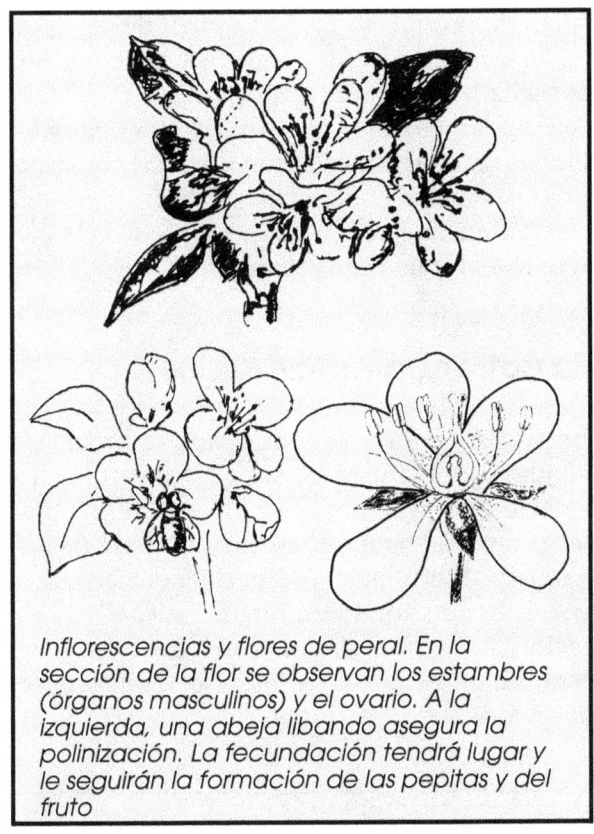

Inflorescencias y flores de peral. En la sección de la flor se observan los estambres (órganos masculinos) y el ovario. A la izquierda, una abeja libando asegura la polinización. La fecundación tendrá lugar y le seguirán la formación de las pepitas y del fruto

El peral es raramente objeto de vecería o alternancia productiva, incluso si a un año de gran rendimiento le sigue generalmente un año de producción más reducida. Es la razón por la que se practica raramente el aclareo de frutos. Se tiende, al contrario, a regularizar la cantidad de frutos producidos por la poda de fructificación, efectuada desde finales de diciembre a finales de marzo.

En el cultivo moderno del peral, se tiende a privilegiar los árboles de crecimiento reducido ya que presentan una buena relación entre la cantidad de producción y el volumen de la vegetación. Eso permite aumentar la densidad de la peraleda y obtener, desde los primeros años, una cosecha por hectárea importante.

Añadamos por otra parte que las operaciones de cultivo quedan facilitadas igualmente en razón de la menor altura. Se emplea a dicho efecto un portainjerto como el membrillero, y se aplican eventualmente sustancias químicas que tienen la propiedad de bloquear la acción de las hormonas naturales de crecimiento.

La actividad de las raíces

Es preciso, para aplicar de modo racional las prácticas de cultivo, poseer algunos conocimientos sobre la morfología y las funciones del aparato radical que pertenece, en el caso de los perales cultivados, al portainjerto. En un terreno uniforme, la masa de las raíces absorbentes se sitúa a una profundidad comprendida entre veinte y veinticuatro centímetros, y se extiende horizontalmente mucho más allá del perímetro de la vegetación. Las grandes raíces cerca del tronco tienen una función de fijación y no de absorción, y es preciso tenerlo en cuenta durante el riego y el abonado.

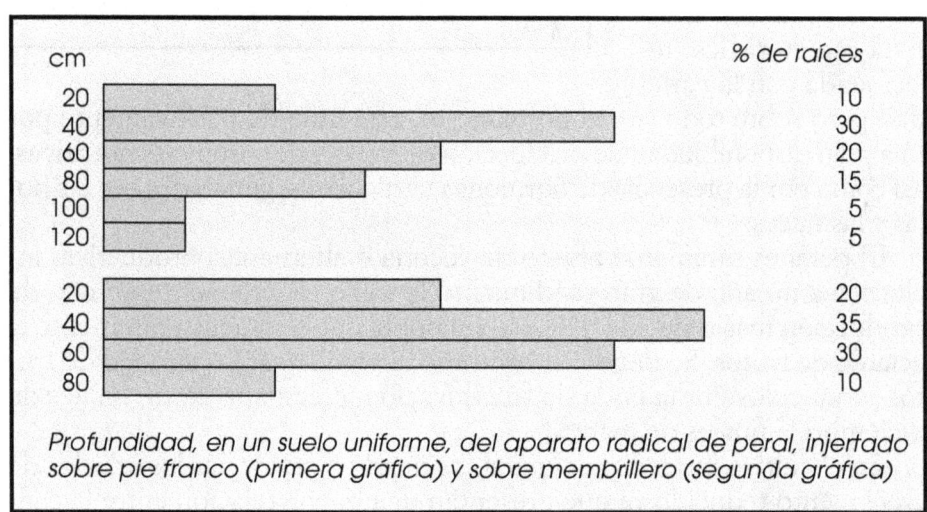

Profundidad, en un suelo uniforme, del aparato radical de peral, injertado sobre pie franco (primera gráfica) y sobre membrillero (segunda gráfica)

CARACTERÍSTICAS BOTÁNICAS Y FISIOLÓGICAS

Las raíces no tienen un periodo de descanso tan prolongado como el de la vegetación. A partir de mediados de febrero, reinician su crecimiento con la formación de raicillas y pelos de absorción. Esta actividad, que anuncia el despertar de las yemas en las ramas secundarias, se intensifica a lo largo de la primavera, disminuye en verano y se reanuda en otoño. Por su actividad, las raíces absorben el agua y las sales minerales del suelo, y contribuyen así a la función fotosintética de las hojas y a la formación de todos los compuestos orgánicos. Existe, en consecuencia, una interdependencia permanente entre el aparato foliar y el aparato radical.

Los elementos minerales mayoritarios o macroelementos que necesita el peral y cuya carencia puede constituir un factor limitante son el nitrógeno, el potasio, el fósforo, el calcio y el magnesio. Entre los microelementos, necesarios en muy pequeñas cantidades, figuran el hierro, el cobre, el cinc y el boro.

Trataremos de nuevo este problema cuando se explique el tema de los abonos.

La actividad hormonal

Hemos visto que los procesos vegetativo y productivo estaban regulados por hormonas. Para un árbol de grandes dimensiones como el peral, esta actividad reviste una gran importancia fisiológica. Desde un punto de vista práctico, ofrece la posibilidad de administrarle sustancias hormonales sintéticas para regular su crecimiento y su fructificación. Las hormonas de crecimiento (auxina y giberilina) pueden ser frenadas en su acción por productos sintéticos como los CCC, SADH, etc. con el fin de limitar el vigor y el crecimiento demasiado rápido de ciertas variedades durante la fase juvenil y aumentar la cantidad de yemas fructíferas, anticipándose así la fructificación. Se habla ya de «poda química».

Se conocen otras técnicas desde hace tiempo, como por ejemplo el empleo de etileno para acelerar el proceso de maduración de los frutos, la aplicación de ácido indolbutírico (auxina de síntesis) para favorecer su arraigamiento, el uso de hormonas contra la caída prematura de los frutos, etc.

Como puede observarse, se trata de sustituir la acción de las hormonas naturales producidas por la planta o de completarla si es insuficiente.

LAS PRINCIPALES EXIGENCIAS CLIMÁTICAS

La temperatura y las precipitaciones

De modo general, al peral le agradan los climas frescos y templados. Las regiones demasiado cálidas no son favorables a la mayoría de variedades, ya que los inviernos excesivamente suaves no permiten que acabe el periodo de reposo fisiológico necesario. Es preferible entonces cultivar el peral en zonas de altitud donde las temperaturas invernales son más bajas.

Su resistencia al frío es muy grande y puede soportar en pleno invierno (de diciembre a mediados de febrero) temperaturas cercanas a los −20 °C. Y, aunque Italia sea su principal productor, la superficie de cultivo en Europa se extiende hasta los países escandinavos. A medida que la estación avanza y se acerca la primavera, su resistencia disminuye rápidamente. Algunos grados bajo cero durante algunas horas bastan para dañar las yemas y las flores. El peral teme las heladas tardías, ya que pueden perturbar la granazón de los frutos.

Las heladas blancas (escarcha) provocan sobre todo daños en las ramas bajas, donde la acción del frío es más destacable. Además de la pérdida de un porcentaje más o menos alto de frutos pequeños, el frío puede acarrear otros inconvenientes, particularmente para la epidermis de los frutos cuando llegan a la madurez (pigmentaciones rojizas y grietas). No obstante, estas manifestaciones no tienen efecto sobre sus cualidades intrínsecas, aunque sí sobre su aspecto estético, comprometiendo así su venta.

El clima frío y excesivamente lluvioso durante la primavera expone al peral a dos graves peligros:

— un obstáculo a la fecundación de las flores; las lluvias impiden, en efecto, el vuelo de las abejas que garantizan el transporte del polen

LAS PRINCIPALES EXIGENCIAS CLIMÁTICAS

de una flor a otra. Constituyen igualmente un verdadero obstáculo físico al acto de fecundación y comprometen la viabilidad del polen. Además, las bajas temperaturas durante la floración no son favorables a la fecundación;
— la aparición y la difusión de la roña del peral, la enfermedad criptogámica más grave de este árbol. Una excesiva pluviosidad en septiembre y octubre perjudica la cosecha y favorece la aparición de podredumbre (caquexia) en los frutos.

Las temperaturas estivales tienen, también, influencia en la calidad de los frutos. Una pera de calidad se distingue por las siguientes características: calibre grande, forma y color típicos de la variedad, sabor agradable, es decir, relación equilibrada entre azúcares y acidez, pulpa abundante y no granulosa, buena aptitud para la conservación. En algunas variedades como la *Buena Luisa de Avranches*, estas características se ven reforzadas al ser cultivadas en laderas de zonas de altitud media, donde las temperaturas estivales no son muy elevadas y la amplitud térmica entre el día y la noche es grande. En otras variedades, como la *Williams*, por ejemplo, las mejores cualidades organolépticas las garantizan los veranos cálidos de las llanuras fértiles.

Los medios áridos no son convenientes para el cultivo del peral. Lluvias bien distribuidas durante la estación serían la condición ideal (correspondiente a una pluviometría de al menos cuatrocientos milímetros de junio a agosto). Por ello sus zonas de cultivo se extienden más particularmente hacia los países septentrionales donde el balance hídrico es más favorable y la luminosidad menos intensa. Mientras que el peral espontáneo se adapta muy bien a las condiciones de aridez de muchas regiones mediterráneas (y algunas de sus características xerófilas como las hojas pequeñas, estrechas, muy resistentes y vellosas son la prueba de ello), las variedades cultivadas, la mayoría provenientes de las selecciones realizadas en los países de Europa del Norte, no soportan durante mucho tiempo la sequía, que puede provocar:

— una deshidratación de los tejidos, las hojas se vuelven pardas y se caen a partir de la base de las ramas;
— un retraso en la maduración de los frutos, que no adoptan la forma típica de la variedad;

— nuevas floraciones otoñales; los perales, parcialmente descortezados por la sequía, entran en una fase de descanso que queda interrumpida por las primeras lluvias de otoño.

La lucha contra las condiciones climáticas adversas

El fruticultor no puede protegerse siempre de unas condiciones climáticas desfavorables, como los fríos invernales. Dispone, en cambio, de medios de intervención eficaces aunque costosos contra las heladas primaverales, el granizo y el viento.

La escarcha. Es más frecuente en las bajas llanuras y en las zonas profundas de los valles y se debe generalmente a la difusión del calor del suelo en el aire durante las noches claras. Los medios establecidos para luchar contra este tipo de heladas (producción de humo o de nieblas artificiales) no son siempre eficaces. Se obtienen en cambio muy buenos resultados con el riego por aspersión en el follaje, pulverizando agua durante las horas en que la temperatura tiende a bajar por debajo de cero. El proceso de congelación del agua libera calor y permite mantener la temperatura a 0 °C.

El granizo. Provoca siempre graves pérdidas, ya que incluso ligeras machucaduras deprecian los frutos. Los daños ocasionados al aparato foliar comprometen por otra parte la fotosíntesis hasta tal punto que pueden perturbar la fructificación del año siguiente. Conviene practicar inmediatamente después de la granizada un tratamiento anticriptogámico y podar las ramas que presenten graves lesiones. Los medios preventivos fundados en el lanzamiento de cohetes antigranizo o la dispersión de partículas de sustancias varias en el ambiente no son siempre eficaces ni muy fáciles de aplicar. La protección del huerto gracias a mallas antigranizo de plástico transparente es más segura. Eso puede llevarse a cabo sólo si las filas están bien ordenadas y si los árboles tienen pequeñas dimensiones. Deberá retirarse la malla durante el periodo invernal.

El viento. Si es demasiado fuerte, provoca daños «mecánicos» que pueden verse agravados si el viento es helado o muy seco, o aun si se trata de brumas saladas. Los cortavientos constituidos por filas muy estrechas de cipreses o de cualquier otra especie de hoja adecuada son, de hecho, el único medio de protección.

LAS PRINCIPALES EXIGENCIAS CLIMÁTICAS

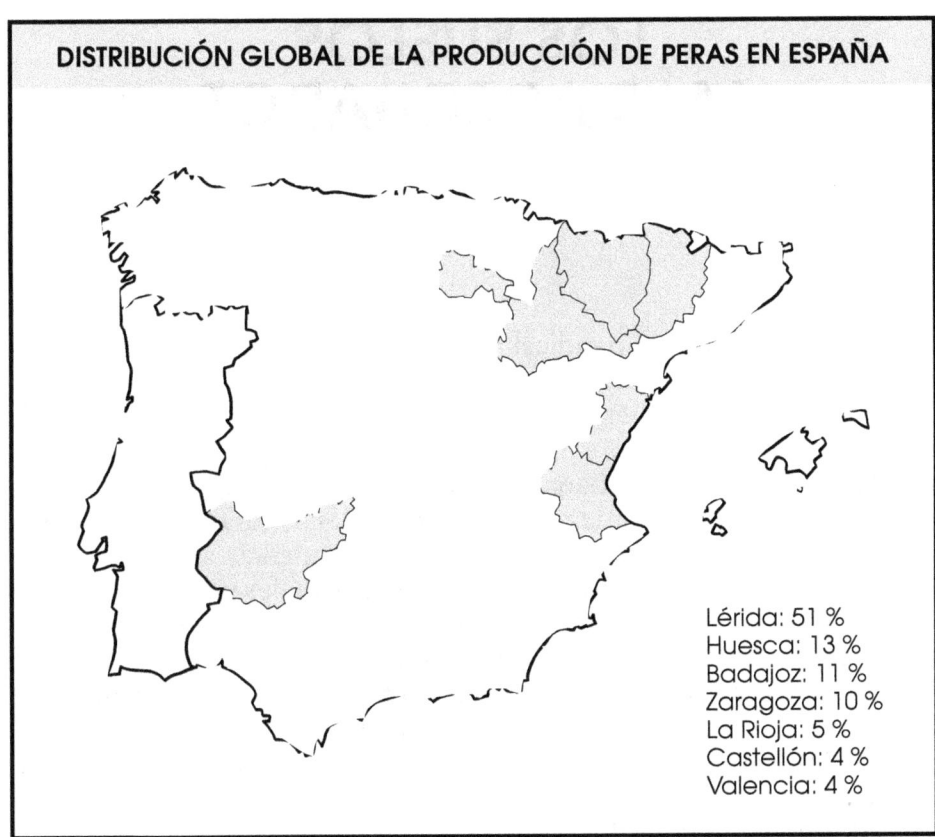

DISTRIBUCIÓN GLOBAL DE LA PRODUCCIÓN DE PERAS EN ESPAÑA

Lérida: 51 %
Huesca: 13 %
Badajoz: 11 %
Zaragoza: 10 %
La Rioja: 5 %
Castellón: 4 %
Valencia: 4 %

PRODUCCIÓN DE PERAS EN LOS PAÍSES EUROPEOS (MEDIA DE 1986 A 1988)	
Italia	930.000 toneladas
España	679.000 toneladas
Alemania	430.000 toneladas
Francia	390.000 toneladas
Yugoslavia, Austria, Suiza	de 165.000 a 135.000 toneladas
Rumanía, Grecia y Países Bajos	de 125.000 a 110.000 toneladas
Bélgica, Hungría, Bulgaria	80.000 toneladas

LOS SUELOS
MÁS ADECUADOS

El suelo acoge el aparato radical y proporciona los principios nutritivos minerales que el árbol necesita.

El peral posee una gran facultad de adaptación a los distintos tipos de suelo. Los suelos de textura media, ni demasiado arcillosos ni demasiado arenosos, ofrecen, sin embargo, las mejores condiciones de cultivo. Los suelos arcillosos, relativamente frecuentes en las llanuras aluviales, están constituidos por finas partículas que tienen tendencia a hacerlos compactos. No son convenientes para los árboles frutales porque no permiten un arraigamiento profundo y están poco aireados, siendo incluso asfixiantes en caso de lluvias prolongadas. Las raíces tienen, por el contrario, necesidad de respirar regularmente para asumir su función de absorción. Las tierras arcillosas tienden, además, a compactarse bajo el peso de las máquinas agrícolas y, en algunos casos, a agrietarse en la superficie durante los veranos secos, agravando por consiguiente los daños causados por la falta de lluvia.

Los suelos ligeros y arenosos, particularmente si tienen un perfil guijoso, como en el caso de las colinas de naturaleza morrénica, que son químicamente menos fértiles, tienen una débil capacidad hídrica y una permeabilidad excesiva, y necesitan por lo tanto más aportaciones de materia orgánica. Si la pluviosidad es débil, se convierten en áridos y deben ser irrigados con frecuencia. Todos los tipos de suelo deben ser bastante profundos, es decir, no estar limitados por capas rocosas, concreciones calcáreas o estratos de agua próximos a la superficie. Obviamente, se desaconseja plantar los perales allí donde se registra la presencia prolongada de agua en superficie. La presencia de grava o guijo a una cierta profundidad es un elemento favorable, ya que impide que el agua se estanque. Resumiendo, es preciso que la humedad del terreno no sea ni excesiva ni deficiente.

LOS SUELOS MÁS ADECUADOS

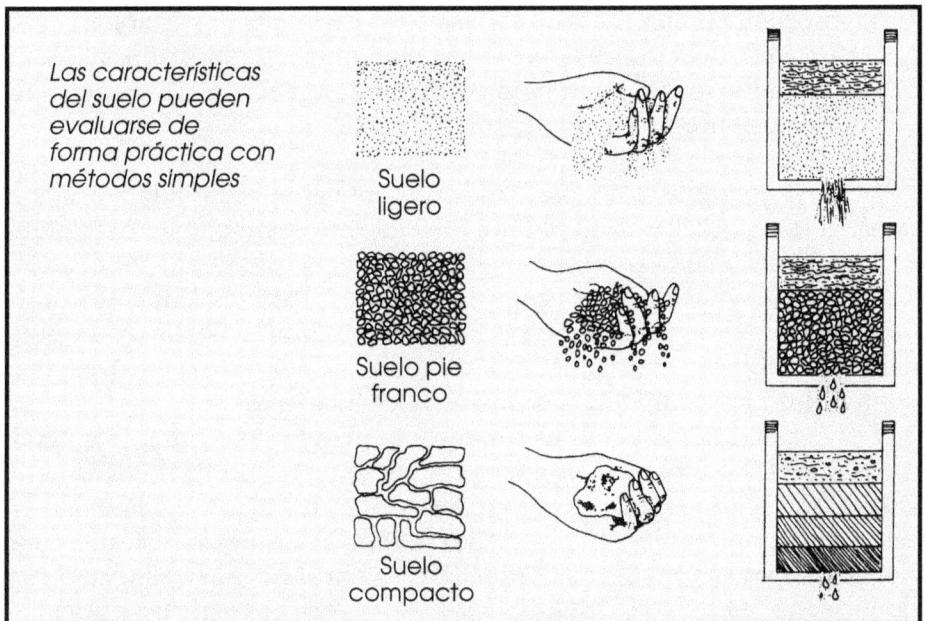

Las características del suelo pueden evaluarse de forma práctica con métodos simples

Suelo ligero

Suelo pie franco

Suelo compacto

También es necesario tener en cuenta el grado de acidez (pH bajo) o de alcalinidad (pH alto) del suelo (el análisis químico da las indicaciones necesarias), ya que de este depende la posibilidad de absorción de los elementos mayores o menores. El peral prefiere los medios neutros o ligeramente ácidos (pH = de 6 a 7).

Siempre es útil dotar al suelo de materia orgánica en curso de humidificación. Se mejora así de varias maneras:

— aumentando su capacidad hídrica y creando de este modo una protección contra la sequía;
— formando la principal fuente de nitrógeno que proviene del humus por un lento proceso de mineralización;
— constituyendo el substrato de la actividad microbiológica, es decir, de la actividad de microorganismos útiles que proviene de la elaboración de elementos nutritivos (por ejemplo, la nitrificación de los compuestos nitrogenados) y su evolución hacia formas asimilables por las plantas;

— favoreciendo la presencia y el desarrollo de lombrices; el color pardo oscuro del suelo indica la presencia de humus. Algunos años después de la plantación, el contenido en materia orgánica tiene tendencia a ser decreciente a lo largo del perfil del suelo.

El peral injertado sobre pie franco presenta gran flexibilidad de adaptación a las condiciones de pH. Se encuentran, por ejemplo, excelentes peraledas tanto en tierras ligeramente ácidas (con pH débil) como en las tierras calcáreas y alcalinas (con pH elevado). Para los fruticultores, la inclinación del terreno tiene también mucha importancia. Si la pendiente es débil (máximo un 10 %), es un factor positivo; si es fuerte (superior a un 25 %), dificulta las operaciones mecánicas.

Las exigencias del peral injertado sobre membrillero difieren en gran medida de las del peral injertado sobre pie franco. Al membrillero no le gustan los suelos calcáreos, es decir, los suelos en los que el contenido en caliza activa supere el 3 % o el 4 %. Se observa en los medios calcáreos una clorosis, cuyos síntomas son los siguientes: a partir de la extremidad de las ramillas, se puede ver la desaparición del color verde de los tejidos internérveos que acarrea su amarilleo creciente y que se acentúa con la evolución de la enfermedad. A principios de verano, esas hojas presentan necrosis más o menos graves (principalmente en el borde de las hojas) y caen a menudo prematuramente, desnudando así la parte apical de la rama secundaria. La denominación de clorosis férrica define una alteración provocada por una carencia de hierro en los tejidos, causada por una competencia con el carbonato de calcio que impide la absorción del hierro.

El cultivo del peral con fines comerciales se ha desarrollado en los suelos fértiles y frescos de origen aluvial. Teniendo en cuenta la naturaleza de esas tierras, es raramente necesario recurrir al riego.

Las características del suelo tienen una importancia fundamental para los cultivos intensivos. Los gastos realizados para sanear y mejorar un terreno antes de la implantación de perales están por lo tanto plenamente justificados. Para el huerto de tipo familiar, es posible utilizar terrenos que no tengan una excelente composición, pero el suelo no debe estar sujeto a retenciones de agua prolongadas. Estaría bien que los organismos de asistencia técnica pusieran a disposición de todos los fruticultores informaciones meteorológicas relativas al campo fácilmente accesibles.

LAS OPERACIONES PREVIAS A LA PLANTACIÓN

Toda plantación debe ir precedida de una observación profunda del medio, sobre todo si el cultivo de árboles frutales no está muy extendido en la región.

En la zona mediterránea (Castellón y Valencia), por ejemplo, no puede establecerse un terreno de cultivo a una altitud inferior a los ochocientos o novecientos metros si quiere obtenerse una maduración regular de los frutos. También es imprescindible que el suelo tenga una profundidad útil suficiente. Es preciso, para asegurarse de ello, cavar en otoño o en invierno un amplio agujero de más de un metro de profundidad, con el fin de examinar el perfil de la capa de terreno cultivable por encima de la capa freática. Eso permitirá también descubrir capas impermeables, rocosas o calcáreas.

Por otra parte, la proximidad de árboles forestales o de árboles ornamentales puede molestar o impedir la implantación de perales y comprometer el cultivo sucesivo en el huerto familiar.

La preparación del suelo

El acondicionamiento y el trabajo del suelo en profundidad son operaciones de gran importancia en la medida en que la posibilidad de mecanización y de riego y, por lo tanto, la reducción de los costes de cultivo dependen de ello. Durante los trabajos de acondicionamiento, es esencial que se asegure el flujo rápido de las aguas de lluvia y se evite cualquier estancamiento hídrico mediante canales de drenaje y fosos colectores.

La plantación de árboles podrá estar precedida por un desfondamiento del terreno que puede alcanzar un metro de profundidad si la naturaleza del suelo lo exige (por ejemplo, en el caso de capas impermeables fuertemente arcillosas). Se utilizarán entonces arados especiales. La nivelación y reducción de la pendiente también pueden ser necesarias (se emplearán entonces máquinas de explanación o nivelación como las apisonadoras).

En algunos casos particulares, se realizarán operaciones de drenaje. Para las pequeñas superficies, basta a veces que se caven agujeros de 60 x 60 x 60 centímetros. El desfondamiento se llevará a cabo igual que los agujeros practicados el verano precedente en la plantación, con el fin de que la estructura del suelo pueda mejorar bajo la acción de los agentes atmosféricos. Si se encuentran raíces de árboles preexistentes en el transcurso de los trabajos, es conveniente eliminarlas, ya que podrían engendrar putrefacción de las raíces.

Si el fruticultor prevé la instalación de un sistema de riego, el enterramiento de las canalizaciones principales a la profundidad necesaria se realizará antes de la plantación de los árboles frutales.

El análisis físico y químico del suelo se emprenderá en el transcurso del verano para que se pueda saber si son necesarios abonos o abonos orgánicos o químicos particulares. Conocer el grado de permeabilidad del suelo y, para los campos irrigados, las características hidrológicas se revela igualmente muy útil.

La toma de muestras de terreno que se envían al laboratorio de análisis debe ser lo más representativa posible; se trata por lo tanto de una mezcla tomada de distintos puntos (cuanto menos uniforme sea el suelo, más numerosas serán las muestras). La tierra no debe recogerse de la superficie, sino a veinte o treinta centímetros de profundidad.

El cálculo de la permeabilidad del suelo se realiza directamente sobre el terreno: se mide la velocidad de infiltración, es decir, el tiempo que tarda cierta cantidad de agua en penetrar a través de una superficie dada, mediante un simple cilindro metálico graduado. Un suelo que tenga una velocidad de infiltración comprendida entre los veinte y los cincuenta milímetros por hora es adecuado para una peraleda. La mayoría de fracasos en el cultivo del peral se deben probablemente a la falta de permeabilidad.

Es por lo tanto imprescindible establecer, tras el desfondamiento, una red de canales de drenaje destinados a evacuar rápidamente las aguas sobrantes.

LAS OPERACIONES PREVIAS A LA PLANTACIÓN

El abonado de fondo y las correcciones eventuales

El abono de fondo distribuido antes de la plantación tiene como objeto constituir una reserva de elementos nutritivos en profundidad. En el transcurso de la vida de la peraleda, en efecto, no será posible llevar elementos fertilizantes al subsuelo, ya que únicamente se podrá intervenir en la superficie para no dañar las raíces situadas en las primeras capas del suelo.

El abono deberá consistir en materia orgánica y minerales. Entre las materias orgánicas, podemos citar el abono bovino u otro que constituya el mejor estiércol. Deberá incorporarse en profundidad durante el trabajo, a razón de trescientos a cuatrocientos quintales por hectárea (tres o cuatro kilogramos por metro cuadrado) o más en tierras aireadas y arenosas.

Este abono, que contiene una buena dosis de nitrógeno en forma orgánica de lenta asimilación, debe completarse con un abono químico que contenga fósforo y potasio en cantidades adecuadas, establecidas en función del análisis del suelo. Si este último indica una falta de fósforo y de potasio, se aplicará de media:

— 14 o 15 quintales por hectárea de superfosfato mineral (1,5 kg/10 m^2);
— 4 o 5 quintales por hectárea de sulfato de potasio (500 g/10 m^2).

Paralelamente a los distintos trabajos realizados antes de la plantación, se procederá, si es preciso, a la corrección del suelo, que es más fácil en el caso de excesiva acidez. Si el análisis del suelo indica un pH inferior a 5,8, se aplicará cal (cal apagada clásica) en razón de veinte a treinta quintales por hectárea (de dos a tres kilos por cada diez metros cuadrados).

Para suelos demasiado alcalinos, la corrección se basa en la distribución de yeso (sulfato de calcio) o de azufre.

Se desaconseja administrar antes de la plantación un abono químico nitrogenado porque el nitrógeno, incluso si se distribuye en forma de urea o de sulfato de amonio, sufre un proceso de nitrificación, es soluble en agua y puede ser arrastrado por la lluvia antes de que las plantas hayan podido absorberlo.

Enterrar abono verde es una práctica muy interesante para enriquecer con materia orgánica los terrenos que lo necesitan. Después de cultivar plantas herbáceas, preferentemente leguminosas (veza, haba, trébol), se entierra trabajando el terreno cuando alcanzan su completo desarrollo.

Para el huerto frutal, la fertilización puede limitarse al aporte de abono ligeramente enterrado. Deberá cuidarse sobre todo el abono «de partida». En efecto, el trasplante de los arbustos, en particular si están injertados sobre pie franco, causa graves mutilaciones en las raíces; es por lo tanto necesario un aporte nutritivo y, si es preciso, hídrico. Es muy útil incorporar a la tierra un fertilizante orgánico de efecto medianamente rápido que contenga más de un 10 % de nitrógeno. En el transcurso de la primavera, se llevará a cabo una distribución fragmentada de abonos químicos nitrogenados de efectos rápidos (por ejemplo, nitrato de amonio), sobre todo si la recuperación de las plantas es lenta y el desarrollo, penoso. Para perales sobre pie franco, la dosis total será de al menos un kilo de estiércol por arbusto. No cabe excluir la posibilidad de aportar una fertilización foliar (con una buena preparación vendida en el comercio) cuando el árbol tenga todo su follaje.

LA SELECCIÓN DE LA VARIEDAD

La selección de la variedad es una decisión importante, ya que influirá en toda la vida de la peraleda (salvo en el caso de nuevo injerto eventual que se puede practicar fácilmente en el mismo peral a una edad más avanzada). Esta decisión obedece a criterios en parte diferentes según la clase de campo de cultivo (con finalidades comerciales o de tipo familiar, sin preocupación por el rendimiento). La elección debe ser de cualquier modo razonada, eventualmente siguiendo el consejo de especialistas (que pueden ser buenos viveristas), y no debe establecerse por los preceptos que dicta la moda o por un entusiasmo exagerado por todo lo nuevo (las novedades respecto a los perales no son, por otra parte, muy frecuentes).

A diferencia del manzano, las peras de verano también son muy interesantes, ya que tienen una madurez precoz y aparecen en el mercado al mismo tiempo que los melocotones de época de madurez media.

Como ya se ha visto, el cultivo de distintas variedades tiene una gran importancia para la fecundación del peral, ya que el fenómeno de autoesterilidad está muy extendido en este tipo de cultivo.

Es interesante señalar que a diferencia de otras especies frutales, el muestrario de variedades del peral no ha padecido profundas modificaciones en el transcurso de este siglo, a pesar de la introducción de algunas nuevas. La mayoría de estas variedades cultivadas provienen de subespecies europeas del *Pyrus communis*. Las semillas y las selecciones hechas en el siglo pasado por fruticultores y viveristas franceses, belgas, ingleses e italianos que compartían la misma pasión fueron particularmente importantes (la contribución americana siempre fue bastante baja).

A diferencia del manzano, las nuevas variedades del peral obtenidas a partir de mutaciones del color de la epidermis son poco frecuentes, pero el color rojo de la piel no está especialmente buscado ni es apreciado en las peras.

GUÍA COMPLETA DEL CULTIVO DE LAS PERAS

LAS DISTINTAS VARIEDADES DE PERALES EN ESPAÑA		
PERAS DE VERANO		
Variedad	Comercialización	Porcentaje
Limonera	julio-agosto	20
Ercolini	julio-septiembre	18
Blanquilla	agosto-junio	27
Williams	agosto-septiembre	—
M. P. Morettini	julio-septiembre	—
PERAS DE OTOÑO-INVIERNO		
Variedad	Comercialización	Porcentaje
Roma	octubre-marzo	—
Passe-Crassane	octubre-mayo	—

Las variedades de peral existentes son muy numerosas. No obstante, el 65 % aproximadamente de la producción española proviene sólo de tres de ellas.

Las variedades de interés comercial

Sabiendo que una plantación con finalidad comercial debe proporcionar importantes rendimientos sin que los costes de producción sean elevados, las principales características de una variedad pueden resumirse en cinco puntos:

• Entrar rápidamente en fructificación (aparición prematura de los primeros frutos) y proporcionar una producción destacable y regular durante muchos años. La fertilidad o productividad de un cultivo depende de la genética pero también del medio y la técnica utilizados.

• Ser apreciada y solicitada por un gran número de consumidores en el mercado nacional e internacional. Se sabe que un fruto es apreciado co-

LA SELECCIÓN DE LA VARIEDAD

LA ÉPOCA DE MADUREZ DE LAS PRINCIPALES VARIEDADES DE PERALES

	Jul. 10 20	Agost. 10 20	Sept. 10 20	Oct. 10 20	Nov. 10 20	Dic. 10 20
Doctor Jules Guyot o Limonera						
Ercolini						
Mantecosa Precoz Morettini						
Blanquilla*						
Williams						
Cascada						
Mantecosa Hardy						
Alexandrine Douillard						
Buena Luisa de Avranches						

	Sept. 10 20	Oct. 10 20	Nov. 10 20	Dic. 10 20	Ene. 10 20	Feb. 10 20
Abate Fétel						
Conferencia						
Decana del Comicio						
Roma**						

▪ Fecha media de cosecha.
▬ Madurez de consumo (incluida conservación en cámara frigorífica).
*: abarca el periodo agosto-junio.
**: abarca el periodo octubre-marzo.

mercialmente si su aspecto exterior (forma y calibre) y las cualidades intrínsecas (sabor, jugosidad de la pulpa, olor, etc.) son óptimos.

• Ser conveniente al medio de cultivo. Por ejemplo en las zonas más cálidas no fructificarán las variedades con necesidad de frío y agua.

• No ser demasiado sensible a los parásitos, poseer buena resistencia al transporte y a las manipulaciones y, si se trata de variedades de otoño e invierno, presentar una buena aptitud para la conservación en cámara.

• En algunas variedades determinadas, como la *Williams*, es necesaria la aptitud de doble empleo (fruta de mesa y conserva).

El cuadro de la página anterior muestra las principales variedades según la época.

Blanquilla o Agua de Aranjuez

Muy conocida por los fruticultores españoles. Debe injertarse sobre membrillero y es conveniente usar polinizadores para una mejor calidad del fruto en años sin problemas de heladas primaverales.

Doctor Jules Guyot o Limonera

Variedad antigua, base de la producción española, se cultiva en las zonas precoces con suficiente frío invernal para su óptima adaptación. Interesante por su temprana madurez. El árbol es de constitución mediana y se injerta, preferentemente, sobre pie franco.
Presenta una buena resistencia a los criptógamos. El fruto es bastante grande, piriforme, con un pedúnculo grande y carnoso y una epidermis verde claro que tiende al amarillo rosado cuando está madura.
Pulpa medio fina y poco olorosa.
La cosecha empieza a principios de agosto. Los frutos que todavía no están maduros se someten a maduración acelerada, gracias a un control preciso de la temperatura y la atmósfera de conservación.

LA SELECCIÓN DE LA VARIEDAD

Williams

Es la variedad más cultivada en el mundo occidental. La variedad *Williams* es muy apreciada por su calidad gustativa y su productividad. Es, además, la variedad tipo para la industria de las conservas (peras en almíbar, zumos de frutas).

Es de origen inglés y conocida en todo el mundo. En Estados Unidos se la designa con el nombre de *Barlett*, de donde procede *Max Red Barlett* (*Williams Roja*).

Se injerta sobre pie franco o en membrillero si se trata de un injerto intermediario. La productividad es generalmente buena, pero los árboles no están siempre plenamente cargados de frutos. No se adapta a los climas demasiado cálidos por tres razones: primero, porque su necesidad de frío es relativamente alta; en segundo lugar, porque el calor estival le provoca a menudo un ennegrecimiento de las hojas, y, por último, porque la sequía causa una maduración irregular.

El fruto tiene un aspecto atractivo, es grande y está bien formado, con un pedúnculo corto y una epidermis bastante amarilla cuando está maduro.

La carne es de excelente calidad gustativa; tiene buen olor, se deshace en la boca, es jugosa y azucarada. Fecha de recolección: a finales de agosto.

Se puede conservar durante dos o tres meses en cámara frigorífica. A menudo no tiene pepitas. Conserva sus cualidades cuando se prepara en almíbar.

Abate Fétel

Se trata de una variedad de origen francés, y es la más plantada en Italia; en España forma parte de las variedades minoritarias.

El árbol, de constitución media, presenta pocas ramificaciones y está sujeto a clorosis foliares cuando se injerta directamente en membrillero (su afinidad con este portainjerto no es perfecta).

La productividad es alta pero siempre irregular, ya que la granazón de las frutas deja a veces mucho que desear. Es bueno en ese caso practicar podas de producción al final del invierno, justo antes de la recuperación

GUÍA COMPLETA DEL CULTIVO DE LAS PERAS

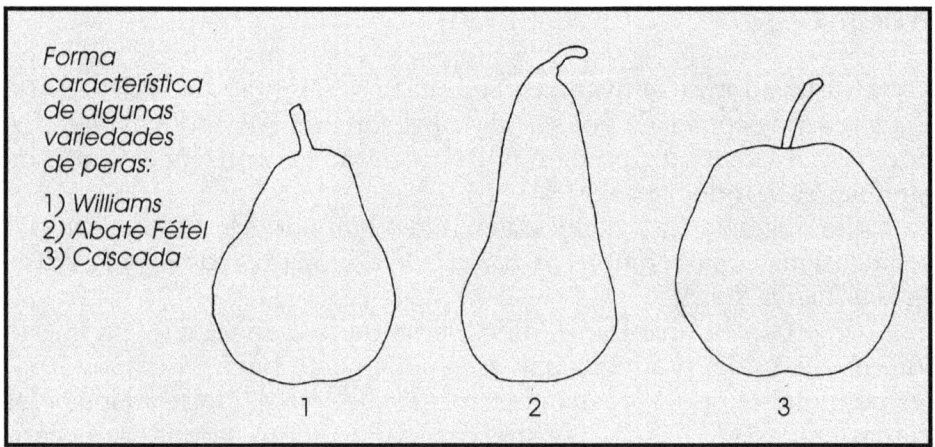

Forma característica de algunas variedades de peras:
1) Williams
2) Abate Fétel
3) Cascada

de la vegetación. La necesidad de frío invernal es media, y la resistencia a las enfermedades es buena.

El fruto tiene un gran calibre, una forma cónica muy alargada, como una calabaza, pero irregular, y un pedúnculo corto y carnoso en la base. La epidermis es bronceada, a veces con manchas rosas. La cosecha tiene lugar a mediados de septiembre. La carne es blanca, se funde en la boca, es dulce y ligeramente almizcleña y su calidad gustativa es a veces excelente.

Esta variedad se conserva bien en cámara frigorífica hasta febrero, sin que las peras se estropeen.

Conferencia

Variedad obtenida en 1885 en Inglaterra. Se puede injertar sobre pie franco para reducir la aparición del atabacado de hojas al que es muy sensible en las zonas secas y cálidas.

El árbol, de constitución media, de productividad prematura y regular, es afín con el membrillero. Es necesario un suelo fértil y fresco.

Fruto de calibre medio, de forma regular, muy alargado, con un pedúnculo largo, fino y arqueado. Epidermis verde que se convierte en amarillenta en la madurez, con zonas leonadas anaranjadas y moteados parduscos.

LA SELECCIÓN DE LA VARIEDAD

Carne blanca amarillenta, tan fina que se funde en la boca, dulce, ligeramente acidulada, olorosa.

La madurez se produce en otoño: los frutos se recogen a finales de septiembre y pueden conservarse en cámara frigorífica hasta febrero, si no se recogen demasiado maduros. A veces estas frutas no contienen pepitas (partenocarpia).

Decana del Comicio

Produce la fruta de mejor calidad de todas las peras comerciales. Es una variedad difícil de producir si no se dispone de buen nivel técnico. El árbol tiene gran afinidad con el membrillero, su vigor es extraordinario, a veces excesivo si está injertado sobre pie franco. Por regla general, las frutas aparecen tardíamente y la producción es variable. En suelos ricos y con un clima que le convenga, la *Decana del Comicio* puede dar buenos rendimientos.

El fruto es de gran calibre, ventrudo, a menudo abollado, con un pedúnculo corto y carnoso. La epidermis es lisa y frágil, amarillo paja, moteada con puntos grises y pardos, jaspeada, leonada y con zonas rosadas por insolación.

Su carne es blanca, muy fina, se deshace en la boca, jugosa. Es sin duda una de las mejores peras que existen.

Fecha de recolección: septiembre. Madurez natural de consumo: octubre, noviembre. Conservación en cámara frigorífica hasta enero.

Se aconseja, en el caso de nuevas plantaciones, dar preferencia al clon «A», exento de virus.

Castell

Variedad de origen levantino. Muy precoz, de fruto pequeño, de baja calidad y mala conservación y resistencia a la manipulación. Su entrada en producción es lenta, por lo que se recomienda su injerto sobre un intermediario en lugar de sobre pie franco. Poca tendencia a la ramificación, sensible al moteado de los frutos. Sólo es interesante en las zonas muy precoces.

Cascada

Esta nueva variedad está actualmente en experimentación. *Cascada* es un híbrido de *Decana del Comicio* y *Williams roja*. Puede sustituir poco a poco a la *Passe-Crassane* que ha visto reducida su multiplicación debido a su sensibilidad al fuego bacteriano.

Sus frutos aparecen con mediana rapidez. El color rojo recubre el fruto en tres cuartos de su superficie. Su carne es poco dulce y poco acidulada.

Se cosecha a finales de agosto y puede conservarse durante seis meses.

Alexandrine Douillard o Condesa

Variedad de origen francés, árbol vigoroso y de elevada producción, no es frágil. Su carne es firme, poco olorosa. Es una buena pera de mesa. Su buena productividad sólo puede conseguirse en suelos fértiles, ya que está sujeta a la alternancia y a la clorosis. Llega a la madurez a finales de septiembre, pero no se conserva más allá de finales de noviembre.

Ercolini o Coscia

Variedad muy apreciada por los consumidores y en exportación. Fruto de gran calidad pero de tamaño reducido si la cosecha es alta. Tiene una entrada rápida en producción, pero es algo irregular. En floración, resulta sensible a las heladas primaverales y a las lluvias. Exige buena polinización y a su vez es buena polinizadora de *Blanquilla* y otras variedades de floración precoz.

Las variedades para el aficionado

En un huerto familiar, algunas variedades de interés comercial plenamente satisfactorias como las que acabamos de citar, pueden combinarse con otras variedades que, aunque no tengan una producción destacable, no presentan menos cualidades.

LA SELECCIÓN DE LA VARIEDAD

Las variedades para el cultivo *amateur* deben, sobre todo, ser agradables al gusto (ya sea para el consumo de la fruta fresca o cocida), tener una maduración repartida durante la temporada y ser fáciles de conservar. Las peras muy prematuras están a menudo sujetas a un proceso de maduración muy rápido y por lo tanto no son aconsejables para un huerto de aficionado.

He aquí una lista de variedades, presentadas por orden de maduración, que merecen la atención del aficionado, aunque no posean todos los criterios agronómicos y comerciales para ser cultivadas a gran escala.

Mantecosa precoz Morettini

Cultivo conseguido en Florencia por cruce de *Coscia* y *Williams* e introducido hacia 1950. Sensible a las manipulaciones. Apreciado en lugares con climas relativamente cálidos. El árbol es vigoroso, y por ello es preferible injertarlo en membrillero, con el que las afinidades son satisfactorias. Los frutos aparecen prematuramente.

Es fácil de conducir en palmeta gracias a su vegetación muy frondosa, breñosa. Sensible a la roña del peral. Productividad generalmente buena.

Fruto de calibre grande, con epidermis amarillo claro y zonas rosadas. Carne blanca y que se funde en la boca. Fecha de recolección: finales de julio, se cosecha bastante verde, con lo que su calidad se convierte en mediocre. Es aconsejable recolectar en varias veces los frutos teniendo en cuenta el grado de madurez de cada uno.

Conservación de cinco a seis semanas en cámara frigorífica.

Max Red Bartlett o Williams roja

Tiene su origen en Estados Unidos. Sus características son casi las mismas que las de la *Williams*, pero el vigor del árbol es menor.

Su pulpa es más dulce y resulta más apta para el consumo como fruta de mesa que para la conserva. La epidermis está enteramente cubierta de rojo, más o menos vivo según la región y el grado de madurez. Esta coloración puede constituir una característica atractiva.

Necesita una poda anual y una distancia entre los árboles que no supere los cuatro metros por cuatro con injerto sobre pie franco (su afinidad con el membrillero es baja). Madurez natural de consumo: finales de agosto-principios de septiembre.

Buena Luisa de Avranches

Antigua variedad de origen francés. Producción abundante con tendencia a la vecería. El árbol es vigoroso si está injertado sobre pie franco y tiene una buena productividad. Es sensible a la roña del peral, en particular en los valles húmedos. No está adaptada a las bajas llanuras ni a las regiones meridionales.

El fruto es de calibre medio, de forma irregular, con un pedúnculo largo e implantado oblicuamente. La epidermis es lisa, porosa, de color amarillo verdoso, moteado de rojo pálido.

Su carne es jugosa, se deshace en la boca, es dulce y tiene un sabor particular.

Fecha de cosecha: finales de setiembre. Puede conservarse tres o cuatro meses.

Mantecosa Clairgeau

Antigua variedad de origen francés, muy rara en España. El árbol, de vigor medio, debe cultivarse sobre pie franco. Gracias a su fertilidad, necesita una poda corta. Es de rápida fructificación y productividad abundante.

El fruto es grande o bastante grande, con una epidermis de color rojo cobre sobre fondo amarillo. Su carne se funde en la boca, jugosa y dulce. Sus cualidades gustativas dejan a veces mucho que desear.

Fecha de cosecha: principios de octubre. Madurez de consumo: en el transcurso de octubre y noviembre.

Conservación limitada en frutero y en cámara frigorífica.

LOS INJERTOS Y LOS PORTAINJERTOS

La elección del portainjerto

La elección del portainjerto es una decisión importante en la medida en que la influencia sobre el desarrollo de los árboles, su adaptación al terreno y la propia fructificación será notable.

Además de una buena afinidad con la variedad (que asegura un arraigamiento total y una unión de larga duración), el portainjerto debe presentar algunas características esenciales, es decir, no arrastrar un desarrollo excesivo ni retrasar la fructificación, ya que tiene, en efecto, una gran influencia en esta última, sin por ello modificar los caracteres genéticos de la variedad.

Los patrones de injerto más conocidos del peral son el *pie franco*, que era antaño el más empleado, el *membrillero*, que se lleva hoy en día la mayor parte de adeptos, y el *Pyrus betulaefolia*, peral de ornamento utilizado a veces como patrón de injerto, pero que ha sido prácticamente abandonado.

La gama de patrones es, pues, muy reducida para estos frutales, aunque varios institutos prosiguen las investigaciones con el fin de alargar las posibilidades de cultivo de los pies francos y membrilleros mediante mejoras genéticas.

Veamos a continuación las principales características de los patrones utilizados hoy día: el pie franco y el membrillero.

El pie franco

Se obtiene a partir de la siembra de variedades, espontáneas o cultivadas, de peral común. Al ofrecer una excelente afinidad con todas las variedades, da lugar a árboles vigorosos, de porte alto y bien desarrollados, pero cuya entrada en producción es más bien lenta. El aparato radical es robusto, su arraigamiento es profundo sea cual sea el tipo de suelo, salvo en tierras excesivamente húmedas y asfixiantes. Presenta, sin embargo, una buena resistencia a la sequía (sequía siempre relativa, en la medida en que el peral no aprecia mucho los climas cálidos y áridos). Su ancoraje es naturalmente excelente.

En razón de su origen (multiplicación por siembra), las plantas del pie franco son heterogéneas, lo que puede suponer cierta diferencia con los árboles del campo de cultivo. Las semillas de algunas variedades bien conocidas tales como la *Williams* y la *Mantecosa Hardy* se prestan bien a la obtención de buenas plantas empleadas como portainjertos. Para la germinación, es preciso que las pepitas estén estratificadas sobre arena húmeda, a una temperatura comprendida entre 20 °C y 4 °C durante algunas semanas antes de colocarlas en el vivero. Las distancias de plantación son importantes en el caso del peral injertado sobre pie franco: no deben encontrarse a menos de cuatro metros de ningún otro.

El membrillero

La mayoría de fruticultores prefiere ahora emplear el membrillero como portainjerto allí donde el clima lo permite. Ya no se trata de una especie de peral *(Cidonia oblonga)*, lo que explica que la afinidad no sea siempre satisfactoria. Su facilidad de multiplicación por vía vegetativa es interesante (acodadura y esqueje); una variedad así determinada puede ser propagada sin que sus características padezcan alteraciones.

El membrillero permite sobre todo conducir al peral con formas contenidas, de débil desarrollo y más rentables. Arraiga más fácilmente y se desarrolla más deprisa durante el primer año. Los árboles injertados en membrillero fructifican antes que los injertados sobre pie franco y sus frutos tienen, a menudo, características organolépticas superiores. Es menos sensible que el pie franco a los estancamientos de agua, no por su aptitud fisiológica intrínseca, sino porque sus raíces son menos profundas. Su sistema radical explora las capas superficiales del suelo, que son más aéreas, más ricas en humus y en elementos minerales asimilables; en resumen, más fértiles. Por lo tanto, las tierras de poca profundidad útil

LOS INJERTOS Y LOS PORTAINJERTOS

le resultan más propicias. Respecto a ejemplares obtenidos por siembra, el membrillero ofrece otra gran ventaja: la posibilidad, gracias a la multiplicación vegetativa, de obtener familias clónicas homogéneas. Los factores siguientes restringen sin embargo su empleo:

— la presencia de una cantidad de caliza soluble en el suelo superior al 4,5 %. Los perales injertados en membrillero presentan, en efecto, en los suelos calcáreos, una clorosis foliar que puede curarse pulverizando sobre el follaje productos a base de quelatos de hierro, pero es muy costoso;
— la débil afinidad entre ciertas variedades de perales y el membrillero, dificultad que puede resolverse por el patrón intermediario;
— el medio sujeto a la sequía, debido a su aparato radical poco profundo.

El recurso a los linajes clonales del membrillero no está todavía muy extendido teniendo en cuenta los años de las plantaciones; por ello es posible constatar diferencias de desarrollo, incluso en tierras fértiles. Los membrilleros más empleados pertenecen a varias poblaciones con características genéticas distintas, aunque se ha llevado a cabo un gran progreso gracias a la difusión, por los responsables de viveros, de los clones del membrillero seleccionados y, en particular, del clon AEM que es actualmente uno de los mejores. Ese clon proviene del grupo de Angers, aunque los de Provenza son también muy interesantes (selección INRA, membrillero de Provenza BA 29/R).

El membrillero de Provenza es más vigoroso que el de Angers y menos sensible a la caliza y a la sequía.

A la luz de los conocimientos actuales, se puede afirmar que, en buenas condiciones de cultivo, la longevidad de los perales en membrillero es considerable y puede superar largamente los veinte años.

El injerto

El injerto es el modo más corriente de multiplicar variedades cultivadas de peral. En efecto, es imposible multiplicarlo por siembra de sus propias pepitas. No es posible perpetuar los caracteres del pie madre; la siembra de una variedad particular produce ejemplares que presentan características diferentes y comprenden incluso formas de tipo salvaje. En el caso de la reproducción por pepitas, se opera una recombinación de los caracteres de las plantas madre (e incluso de las generaciones más antiguas). Los ejemplares obtenidos presentan una gran heterogeneidad, lo que a menudo se convierte en un factor negativo para su cultivo. Además, las plantas conseguidas por siembra no empiezan a fructificar hasta después de muchos años, ya que deben superar el estado juvenil durante el que el árbol produce sólo ramitas de madera y no frutos, y a menudo espinas en lugar de dardos.

Es preciso por lo tanto recurrir a la multiplicación vegetativa, que puede llevarse a cabo ya sea plantando un trozo de rama tomada del pie madre que se abastece entonces de raíces (esqueje), ya sea realizando el injerto en otras plantas que reciben el nombre de *portainjertos* o *patrones de injerto*.

En la práctica, las variedades cultivadas del peral no pueden multiplicarse por esqueje, ya que arraigan con muchas dificultades aunque estén situadas en las condiciones más favorables y sean tratadas con hormonas de arraigamiento o con otros sistemas de activación del proceso de desarrollo.

Afortunadamente, el injerto no presenta ninguna dificultad, ya sea en viveros o directamente en el huerto, y ofrece la gran ventaja de poder escoger el portainjerto correspondiente a las distintas exigencias y con las características deseadas; sin embargo, para alcanzar el éxito, es preciso que se reúnan un cierto número de condiciones:

• *La afinidad entre los dos miembros del injerto* (injerto y portainjerto). Las variedades cultivadas de peral tienen una excelente afinidad (forman una unión segura y duradera) con el peral obtenido por siembra (pie franco) y una compatibilidad buena o suficiente con los portainjertos clónicos empleados actualmente, entre los que destacan las distintas selecciones de membrillero.

• *La buena elección de la época*, para cada tipo de injerto.

• *El estrecho contacto entre las zonas generadoras* (cambium) colocadas entre la corteza y el tronco de ambos miembros.

LOS INJERTOS Y LOS PORTAINJERTOS

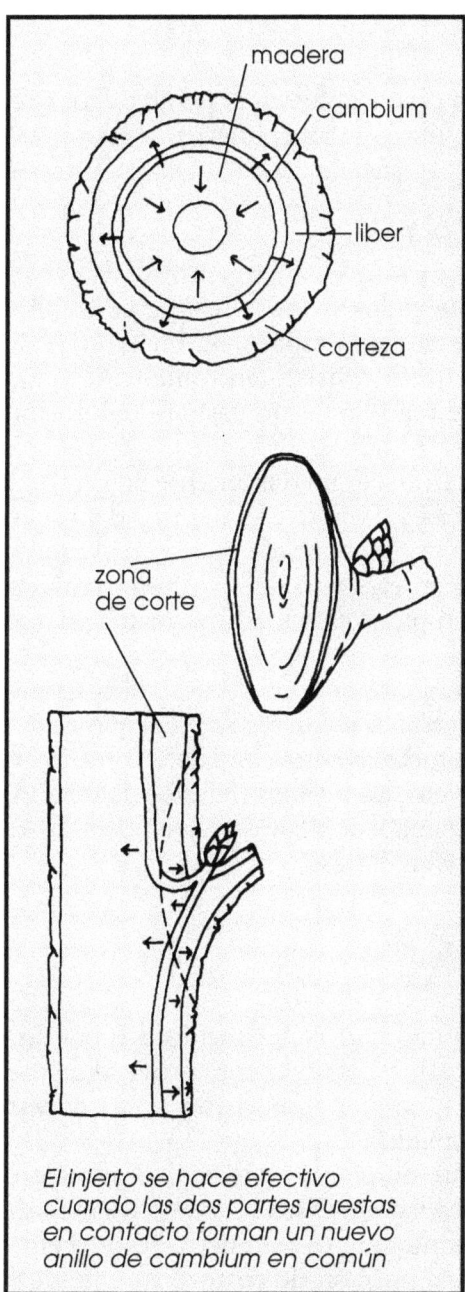

El injerto se hace efectivo cuando las dos partes puestas en contacto forman un nuevo anillo de cambium en común

• *La buena técnica de ejecución* (la precisión de los cortes, el cuidado llevado al vínculo y la protección de las superficies cortadas son de primordial importancia).

Si se respetan estas condiciones, los tejidos del cambium producen un callo cicatrizante de soldadura. Este permite que se establezcan a continuación relaciones mutuas de carácter fisiológico y nutritivo entre la variedad que proporciona las ramas y el follaje y el portainjerto que proporciona las raíces.

La soldadura y el arraigamiento son aún más rápidos cuando las plantas son jóvenes. La multiplicación por injerto reproduce fielmente los caracteres de la planta original. Es por eso importante que las yemas sean tomadas de plantas adecuadas desde el punto de vista genético y sanitario: deben ser variedades o clones fiables y exentos de enfermedades víricas, también transmitidas por el injerto. El amarilleo de las nervaduras es la enfermedad vírica más conocida. Los propietarios de viveros tienen una gran responsabilidad en cuanto a la elección del material de multiplicación.

Los distintos tipos de injerto

Existen numerosos modos de injerto practicables en el peral, de los que expondremos los más empleados en viveros y en el huerto.

El injerto de escudete (de yema en T)

Es el tipo que se utiliza habitualmente en los viveros. Se efectúa en julio y agosto. Las yemas injertadas se desarrollan después del invierno, en la primavera siguiente. Este tipo de injerto consiste en tomar una yema provista de una pequeña porción de madera de un vástago del mismo año mediante un corte circular.

El escudete así obtenido debe insertarse inmediatamente en un corte en forma de T del portainjerto entre diez y veinte centímetros del suelo. La condición esencial para que el injerto se consolide reside en el estado del portainjerto, que debe tener savia; el tejido del cambium entre la corteza y la madera debe estar aún en plena actividad y permitir así que la corteza se desprenda con facilidad.

Después de insertar el escudete u ojo, se ata fuertemente el conjunto con rafia sin dejar la yema al descubierto. Si el injerto prende, el portainjerto se corta en marzo a algunos centímetros por encima de la yema injertada. Tras un año de vegetación en vivero, los retoños (injertos de un año) son aptos para ser plantados en el terreno. Si no tiene éxito, se puede practicar en invierno el *injerto de hendidura* en el mismo portainjerto.

El injerto de hendidura

Forma parte del grupo de injertos llamados *de púa*, constituidos por una porción del vástago de un año lignificado y generalmente provisto de dos yemas. Las púas o injertos se recogen en pleno invierno y se conservan en frío a un grado higrométrico apropiado.

El injerto se practica generalmente en plantas jóvenes, en viveros o plantaciones, cuando están en descanso vegetativo, antes del mes de marzo. El portainjerto se corta horizontalmente a quince o veinte centímetros del suelo, luego se extirpa una porción de corteza y de madera

LOS INJERTOS Y LOS PORTAINJERTOS

formando una hendidura que tenga forma de triángulo. A continuación se inserta en esta haciendo presión la base de la púa, cortada también en hendidura. Se ata fuertemente y finalmente se protege el injerto con una masilla especial.

El injerto de corona

La púa de 2 o 3 yemas es parecida a la púa del injerto precedente, pero su base tiene forma de cuña.

Después de la reactivación de la vegetación, se corta el portainjerto horizontalmente y se practica una incisión vertical de unos cuatro o cinco centímetros de largo en la corteza; luego esta se despega ligeramente y se abre. La púa previamente conservada en frío deberá interponerse entonces entre la corteza y la madera; se ata el conjunto y se protegen las heridas con masilla.

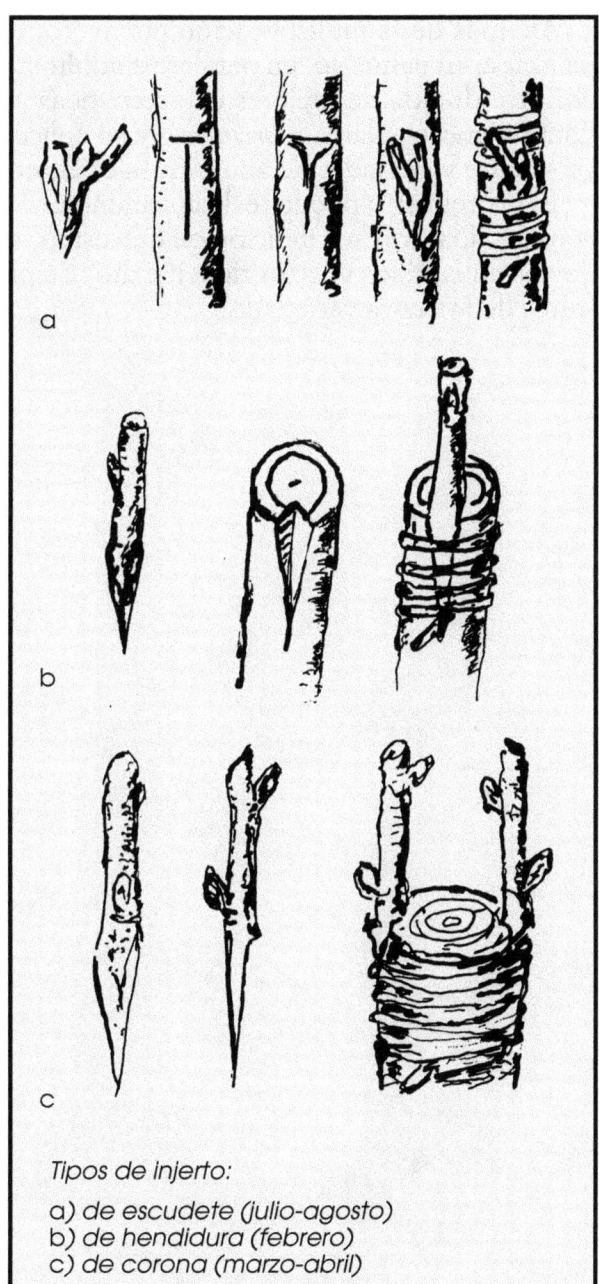

Tipos de injerto:
a) *de escudete (julio-agosto)*
b) *de hendidura (febrero)*
c) *de corona (marzo-abril)*

Además de la multiplicación en vivero, el injerto de corona puede realizarse en el huerto, en perales ya adultos, para sustituir una variedad por otra dotada de mejores características agronómicas y comerciales. Esta práctica se llama *sobreinjerto* y se aplicó ampliamente en la reconversión de variedades de zonas frutales enteras.

El sobreinjerto puede realizarse también en perales de doce a quince años de vida, con la condición de que estén sanos y vigorosos. En menos de dos años, si los injertos tienen éxito, las plantas empiezan a producir frutos de la nueva variedad.

LA PLANTACIÓN

Algunos consejos prácticos

Tras terminar los trabajos previos descritos en el capítulo precedente, se prepara la tierra para la plantación de árboles, ya sea en otoño (de noviembre a mediados de diciembre), ya sea a finales de invierno (de febrero a mediados de marzo). No obstante, es preferible plantarlos en otoño, ya que los árboles jóvenes podrán producir nuevas raíces de inmediato.

Esta actividad radical prosigue, incluso al ralentí, a lo largo del invierno, y crea así las condiciones más favorables a la reactivación de la vegetación en primavera. La plantación realizada en primavera determina habitualmente porcentajes de arraigamiento más débiles, sobre todo si esta es particularmente seca o presenta precipitaciones insignificantes. La tierra, que ha sufrido un desfondamiento, debe ser sometida a un arado superficial y a gradeos para mullirla.

Para garantizar buenos resultados, las plantas deben ser de buena calidad y reunir las siguientes características:

— no tener más de un año; es preciso pues adquirir ejemplares jóvenes de la variedad y del portainjerto deseados en el vivero;
— ser de desarrollo medio y bastante vigorosas;
— estar provistas de un aparato radical abundante, bien formado y ramificado, poco pivotante;
— no presentar ataques parasitarios tanto en la parte aérea como en las raíces, en particular los tumores de las raíces provocados por *Bacterium tumefaciens* (reconocibles por grandes abultamientos tumorales) y la presencia en el tronco de cochinillas (*Aspidiotus perniciosus*).

En los cultivos gestionados de modo racional, los árboles se alinean en filas paralelas con un espacio suficiente para permitir el paso de la maquinaria. La distancia entre las filas debería por lo tanto estar comprendida entre los tres y los cuatro metros. En cuanto a la distancia de plantación, puede variar de un metro y medio a cinco metros según el vigor del portainjerto. Para las plantaciones en línea, es necesario colocar señales de alineación.

La técnica de la plantación

Se cava un agujero de ochenta centímetros de diámetro, y de treinta a cuarenta centímetros de profundidad y se llena parcialmente de tierra blanda mezclada con el abono de fondo. Es aconsejable respetar las raíces y cortar sólo las partes que se hayan secado o dañado.

La nueva planta debe colocarse en el agujero a la profundidad a la que se encontraba en el vivero (o mejor aún, ligeramente más abajo) con el anillado de injerto fuera del suelo.

No resulta conveniente plantar a demasiada profundidad, sobre todo en terrenos que tengan tendencia a compactarse. En efecto, es preciso tener en cuenta que es inevitable el apisonado de la tierra, incluso si la que sirve para llenar el agujero ha sido cuidadosamente amontonada encima de las raíces.

Es conveniente, por otra parte, colocar un tutor esperando el acondicionamiento definitivo de las filas. En la mayor parte de los casos, el vegetal se corta a continuación entre cincuenta y setenta centímetros de altura según la forma escogida.

Las asociaciones

Este concepto define el cultivo de especies herbáceas o de especies de árboles diferentes en la misma parcela de terreno.

La asociación del peral con especies herbáceas sólo puede realizarse en el transcurso de los primeros años, cuando las distancias entre las filas son más bien amplias (de cuatro a cinco metros). Los ingresos logrados con el cultivo herbáceo (cereales, prados, legumbres, fresas, etc.)

LA PLANTACIÓN

pueden compensar los gastos del huerto esperando la fructificación de los árboles jóvenes. Sin embargo, es preciso excluir los cultivos herbáceos exigentes con aparatos radicales profundos, como la alfalfa, el maíz y la remolacha azucarera. Es obvio que este tipo de cultivo reclama, él también, un abono y un riego adecuados. Al final del ciclo del cultivo, la descomposición de las raíces produce un abono particularmente rico para el peral, y con gran contenido en nitrógeno si se trata de leguminosas.

La asociación del peral con otros árboles frutales, lo que es habitual en un huerto familiar, es no obstante poco frecuente en las zonas de cultivo de alto rendimiento. No es conveniente, sin embargo, asociar especies muy diferentes. El manzano es el que más se acerca al peral en todas sus exigencias, incluida la lucha fitosanitaria.

En los huertos con finalidades comerciales, la especialización es indiscutiblemente el camino que debe seguirse. El cultivo mixto, tanto de plantas herbáceas como de árboles, y que antaño era el más extendido, se desaconseja ampliamente en este caso concreto, porque acarrea numerosos inconvenientes:

• Obstáculo a la mecanización; los arados relativamente profundos que se practican cada año en los cultivos herbáceos pueden perturbar el aparato radical de los perales situado en las capas superficiales del suelo.

• Los tratamientos fitosanitarios que deben aplicarse sobre una especie pueden perjudicar al peral.

• Cualquier intervención de cultivo es más onerosa, como el empleo de mano de obra (en particular durante la cosecha).

• Las distintas especies de árboles con longevidad diferente producirían una disparidad de las plantaciones.

LA PODA

La poda de formación

En el cultivo de árboles frutales de alto rendimiento, la forma del peral no debe obedecer a exigencias estéticas ni a reglas de simetría, sino a necesidades técnicas y económicas. Recordemos igualmente que toda poda practicada en una planta joven retrasa su fructificación, ya que disminuye la superficie foliar total y estimula la actividad vegetativa en detrimento de la fructificación. Es a pesar de todo necesario practicar sobre el peral una poda de formación, aunque sea limitada, con el fin de:

— dotar al árbol de una estructura sólida con ramas y ramas secundarias que puedan soportar fuertes cargas;
— repartir bien las ramas frutales con el fin de evitar el enmarañamiento de la vegetación y para mantener una buena exposición a la luz. Se trata aquí de una condición esencial si se quiere que se formen muchas yemas y que las frutas sean de buena calidad;
— dar una forma que facilite las operaciones de cultivo y en particular la cosecha.

Las formas planas se recomiendan para los cultivos intensivos, con el fin de no obstaculizar el uso de medios mecánicos a veces muy voluminosos. Las plantas no deben tener demasiada altura, de modo que se facilite la cosecha, así como la poda de fructificación y el eventual aclareo de los frutos.

Es conveniente también adoptar una forma baja por varias razones:

— facilita el desarrollo de la vegetación porque se reduce la distancia hasta las raíces;

LA PODA

— la superficie de fructificación está más cerca del suelo;
— el árbol produce una estructura más robusta y ofrece una mayor resistencia al viento.

Antaño, en los huertos familiares, el peral se podaba con formas libres, pero sobre todo siguiendo patrones que tenían una función decorativa. Estas últimas prácticamente han desaparecido. En los cultivos de alto rendimiento, las formas más empleadas son la palmeta de ramas oblicuas y el huso. A veces se recurre a la pirámide, en particular para el peral injertado sobre pie franco.

Una poda severa de las ramas durante el periodo juvenil no sólo tiene el efecto de retrasar la fructificación sino también el de reducir el desarrollo de las raíces, de ahí las consecuencias negativas sobre la alimentación del árbol y su crecimiento de modo general. Para constituir la forma deseada sin efectuar poda, es posible arquear o inclinar las ramas sujetándolas a una estructura de alambres horizontales fijados a lo largo de la fila. Se puede igualmente evitar la poda de invierno practicando una intervención mucho más ligera durante el periodo de vegetación: la poda en verde (o desmoche). Consiste principalmente en suprimir las yemas o los brotes pequeños que se consideren inútiles.

La palmeta de ramas oblicuas

Es una forma plana en el sentido de la fila. Fue ampliamente adoptada, en lugar de las formas redondas. Está indicada tanto para el peral sobre pie franco como para el peral sobre membrillero, pero constituye la forma ideal para este último portainjerto. La palmeta era conducida en ramas horizontales y luego fue sustituida por la palmeta de ramas inclinadas, para no debilitar la base y evitar la pérdida de hojas.

La palmeta puede ser de tipo regular cuando los distintos pisos están regularmente espaciados y superpuestos. Es irregular cuando son más numerosos y no están dispuestos según un orden preciso. Más particularmente en el primer caso, se apoya en una espaldera constituida por estacas de madera o de cemento de aproximadamente tres metros de alto (por encima del suelo) colocadas entre 12 y 15 m, y por dos o tres alambres a 60, 120 y 200 cm de altura.

La *formación de la palmeta:* después de la plantación, se poda el retoño de un año a ochenta centímetros del suelo. Durante la vegetación, se escogen tres yemas vigorosas bien colocadas cerca del injerto para constituir el piso más bajo de la estructura. En la primavera siguiente, deben inclinarse a 45° dos de los vástagos que hayan salido.

Durante el segundo año, se escogerán dos nuevas yemas en buena posición (y se eliminarán las demás) con el fin de formar el segundo piso de ramas de estructura a ochenta o noventa centímetros encima del primero. El año siguiente deberá constituirse un tercer y último piso.

El huso

Es la forma más corriente. Existen algunas variantes que tienen todas en común un desarrollo reducido que garantiza una buena exposición a la luz y una recolección más fácil. El huso es análogo al *Spindelbush*, originario de Alemania, que también se ha extendido mucho en España, en los Países Bajos y en el norte de Francia. El huso se caracteriza por un eje vertical sobre el que se insertan estructuras de ancho decreciente de abajo arriba. Se trata pues de una pequeña pirámide donde se tiende a mantener la superficie frutal lo más cerca posible del huso central; generalmente no exige espaldera.

Para formar el huso, debe podarse el retoño en la plantación a un metro del suelo aproximadamente. Los brotes jóvenes producidos en el transcurso de la primavera se desmochan, con el fin de favorecer un mayor desarrollo de las ramas secundarias de la base, que se inclinarán después horizontalmente. La poda de los primeros años (interviniendo tanto durante la vegetación como en invierno) permite controlar el desarrollo en altura (que no debe superar los 2,8 o 3 m) y el desarrollo armonioso de las estructuras eliminando o inclinando las ramas vigorosas.

Al final del tercer año, la formación del huso está prácticamente terminada y se pasa a la poda de fructificación teniendo cuidado de mantener la planta en las dimensiones y el equilibrio deseados. Es a veces necesario frenar el vigor de la parte apical del árbol pulverizando con un producto químico a principios de verano.

El huso es la forma más apropiada para los cultivos intensivos con perales injertados en membrillero. Las distancias de plantación son por lo

LA PODA

tanto muy reducidas (por ejemplo, cuatro metros por un metro y medio) y la densidad puede alcanzar los 1.600 pies por hectárea. Eso permite tener un buen rendimiento desde los primeros años y reducir así los costes de amortización del vergel.

La forma baja de los árboles facilita la eventual colocación de la malla antigranizo y en el caso de riego gota a gota por encima del follaje, los difusores no deben ser demasiado altos.

La pirámide

Es la forma clásica del pasado, pero ha sido prácticamente abandonada en las nuevas plantaciones con finalidades comerciales, ya que es, en conjunto, más costosa que las formas citadas anteriormente. Se encuentra de forma libre en los huertos familiares. Está constituida por un eje central sobre el que se implantan a distintas alturas muchas ramas, con una longitud decreciente desde la base hasta la parte apical

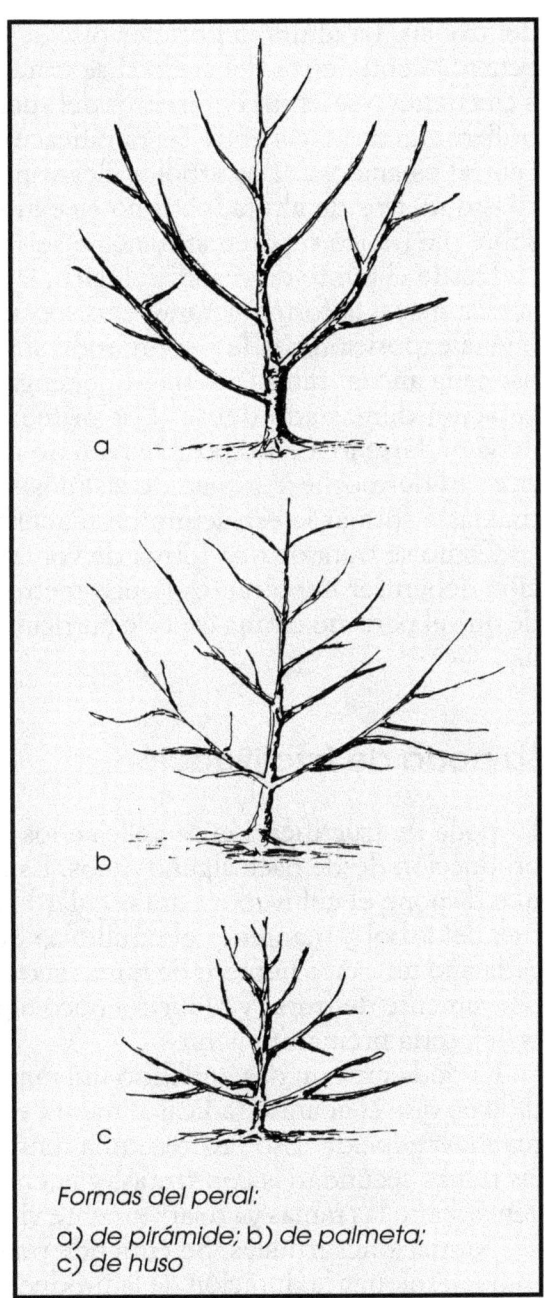

Formas del peral:
a) de pirámide; b) de palmeta; c) de huso

del tronco. La altura del primer piso se encuentra aproximadamente a ochenta centímetros del suelo si se trata de un peral sobre pie franco y a cincuenta o sesenta centímetros del suelo si el portainjerto es un membrillero. La distancia entre las ramificaciones siguientes a lo largo del eje central es análoga. Los árboles alcanzan su pleno crecimiento a tres o cuatro metros de altura, pero no es extraño que las pirámides de peral sobre pie franco superen los cinco o seis metros.

Desde el punto de vista fisiológico, la forma en pirámide es la que se acerca más a la forma natural; la disposición de las ramas favorece una buena exposición a la luz, sobre todo si se toma la precaución de eliminar cada año las ramas internas que tengan tendencia a provocar una vegetación demasiado densa. Los primeros años, la pirámide también debe podarse lo menos posible para no retrasar el inicio de la fructificación. El desmoche y arqueo de las ramas secundarias que no están destinadas a formar la estructura permanente son, en cambio, muy útiles.

Como se trata de una forma de volumen, las distancias de la plantación deben ser importantes (cinco metros por cinco de media), a pesar de que el peral no es una especie particularmente exigente en materia de luz.

La poda de fructificación

La poda de fructificación se aplica a los perales adultos, ya entrados en producción desde hace algunos años. Es un instrumento importante del que dispone el cultivador para regular la actividad vegetativa y productiva del árbol y mantener el equilibrio entre ellas. Si no se eliminaran cada año un cierto número de ramas secundarias, el árbol se cargaría excesivamente de frutas y reduciría poco a poco su vegetación, con lo que envejecería prematuramente.

La poda crea un desequilibrio útil entre vegetación y raíces en la medida en que el aparato radical alimenta en mayor cantidad una parte aérea más reducida. Eso favorece una renovación continuada y regular de las ramas secundarias con frutas, y la emisión de ramas secundarias jóvenes sobre las ramas ya relativamente viejas que llevarán a su vez a nuevas formaciones frutales. Se entiende pues que la poda sea beneficiosa, ya que prolonga la duración de la producción. El árbol podado tiene una

LA PODA

función fotosintética más activa (la intensidad del color verde de las hojas lo demuestra), lo que permite alimentar mejor el aparato radical y constituir reservas nutritivas para el año siguiente. La poda influye igualmente en la calidad de los frutos. Las ramas con frutos del árbol bien podado están, en efecto, más expuestas a la luz, y su producción de coronas será más robusta y lignificada.

La poda de las ramas frutales será aún más severa cuanto más débil sea el árbol. Por ejemplo, si un peral de ocho a diez años, observado en invierno, tiene ramas secundarias de un año de sesenta a noventa centímetros de largo, será necesario eliminar sólo el 15 % o 20 % de las ramas (se trata pues de una poda ligera). Si tienen una media de veinte a cuarenta centímetros de largo, se cortará entre el 40 % y el 50 % de las ramas (poda severa).

La poda será pues muy importante en los árboles viejos poco vegetativos y en los suelos poco fértiles o áridos. Será por otra parte inversamente proporcional al vigor del portainjerto: los perales injertados en membrillero deberán podarse de forma más enérgica. Asimismo se practicará una poda severa en las variedades muy productivas.

Entre febrero y marzo se puede saber si el año será productivo, ya que las yemas florales se distinguen de las yemas de madera por sus mayores dimensiones.

La poda será para los árboles más viejos una verdadera poda de rejuvenecimiento. Para el resto, una poda excesiva corre el riesgo de provocar varios inconvenientes: una nueva vegetación demasiado vigorosa, tupida y sombría, chupones que aparecen en el tronco y en las ramas, los frutos que carecen de firmeza y presentan una peor aptitud para la conservación. Es posible la aparición de alteraciones fisiológicas en los frutos. Esos efectos negativos se verán acentuados con un abundante abono nitrogenado.

En los árboles jóvenes, la poda se practica generalmente eliminando el número necesario de ramas de un año, cortándolas por la base en lugar de acortarlas. Cuando la poda es importante, por ejemplo cuando se trata de cortar ramas enteras, es aconsejable proteger las heridas con resinas desinfectantes que se encuentran en las tiendas.

El invierno es la época más apropiada para la poda de fructificación, salvo en los periodos más fríos. Los meses de febrero y marzo son los más indicados. Los árboles que son más vigorosos, en particular para las va-

 **GUÍA COMPLETA DEL CULTIVO DE LAS PERAS**

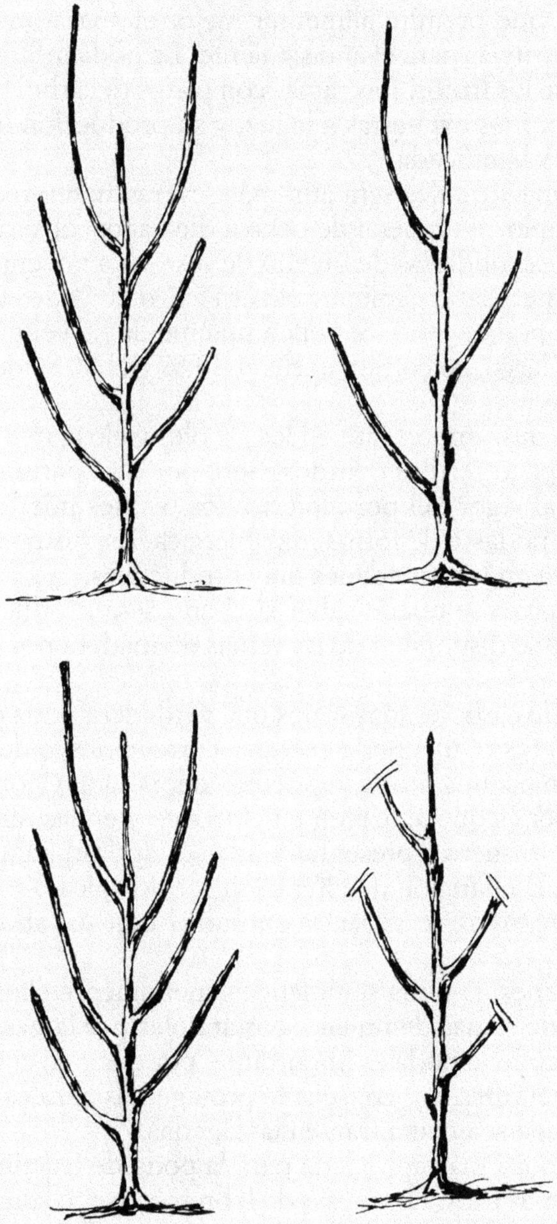

Cuando se realiza la poda de las plantas jóvenes, es preferible eliminar algunas ramas cortándolas (arriba) desde la base, en lugar de acortarlas todas (abajo). Esto evita que se produzca un gran número de ramificaciones, lo que provoca un retraso en la fructificación

LA PODA

riedades que presentan dificultades de granazón, por ejemplo, la *Decana del Comicio* y el *Abate Fétel* se podarán lo más tarde posible, poco antes del brote. Los aclareos no deben excluirse, no obstante, cuando la temporada esté avanzada. Al practicar la poda debe intentarse respetar la forma dada al principio al peral con la poda de formación, limitando eventualmente el desarrollo en altura.

Como la madera resultante de la poda es voluminosa, a menudo se quema. Sin embargo, sería positivo, allí donde fuera posible, reducirla a virutas y dejarlas en el suelo como aportación de sustancia orgánica.

Es preferible escoger las técnicas de poda que permitan la mayor economía de mano de obra, ya que al tratarse de un trabajo ampliamente especializado, su coste es muy elevado. La poda mecánica puede ser aplicada mediante láminas rotativas, con el fin de cortar la parte apical del árbol si las prolongaciones de las ramas son vigorosas.

EL TRABAJO DE LA TIERRA Y LA ESCARDA

El laboreo de la tierra tiende, como el abono y el riego, a mejorar sus disponibilidades hídricas y nutritivas, a crear un medio más favorable desde un punto de vista físico y mecánico, y al desarrollo y a la actividad de las raíces.

Ya hemos mencionado en los capítulos precedentes las operaciones que deben efectuarse antes de la plantación. Nos referimos aquí a los trabajos mecánicos que se llevan a cabo cada año en el vergel en primavera y en verano. Tienen como finalidad esencial impedir el desarrollo y eliminar las malas hierbas, que crean una competencia particularmente perjudicial en los recursos de agua y los nutrientes.

El trabajo de la tierra tiene como segundo objetivo mejorar la aireación de la capa superficial del suelo favoreciendo los procesos microbiológicos que pueden ser útiles. Es obvio que estas operaciones no deben practicarse allí donde la tierra está siempre cubierta de césped, como veremos más adelante.

Algunos ejemplos del trabajo del suelo

La operación más corriente consiste en efectuar gradeos repetidos (cada tres o cuatro semanas desde mediados de abril hasta finales de agosto) con distintos tipos de máquinas que rompen la capa superficial del suelo sin remover la tierra y que extirpan la flora perjudicial. Estos gradeos no deben superar los diez o quince centímetros de profundidad con el fin de no dañar las raíces de los árboles que se desarrollan igualmente en la superficie, sobre todo si el portainjerto es débil. Se utilizan preferentemente herramientas con discos o cultivadores. El empleo de motocultivadores o de fresas rotativas es también muy frecuente, pero crea des-

EL TRABAJO DE LA TIERRA Y LA ESCARDA

graciadamente en los suelos arcillosos una «suela del arado» que tiene un efecto negativo sobre la estructura de las capas del suelo y que constituye un obstáculo a la penetración del agua de lluvia o la de riego.

Algunos medios mecánicos pueden disponer de una barra lateral retráctil (de funcionamiento manual o automático) para trabajar la banda del terreno bajo la fila, entre un tronco y otro.

En los lugares bastante lluviosos o bien irrigados, es conveniente plantar césped en el suelo, es decir, dejar que crezca libremente la hierba espontánea a guisa de prado o de alfombra herbácea en lugar de practicar gradeos repetidos. Si la siembra de césped no es suficiente, se puede plantar una gramínea (por ejemplo: la festuca) o una leguminosa (por ejemplo: el trébol) o incluso una mezcla de ambas. Las ventajas que la siembra de césped presenta respecto al trabajo de la tierra son:

— creación y mantenimiento de una estructura del suelo más favorable. No se forma suela de cultivo. La permeabilidad, la porosidad y la capacidad de infiltración del agua aumentan;
— enriquecimiento en sustancia orgánica de la superficie gracias a la hierba segada y dejada en su sitio, así como en profundidad, teniendo en cuenta que las raíces de las especies herbáceas penetran a lo largo del perfil del suelo y se descomponen;
— disminución de los daños producidos por la acción de la maquinaria pesada (apisonado) y por la acción de los aguaceros;
— ningún inconveniente debido al trabajo de la tierra mojada y ninguna lesión de las raíces provocada por los medios mecánicos;
— lucha contra la erosión y el lavado en los terrenos con pendiente.

Se ha demostrado que la presencia de césped favorece la penetración a una cierta profundidad de elementos minerales difícilmente solubles como el fósforo.

Las tierras húmedas sacan particularmente provecho de la plantación de césped durante los periodos de lluvia, ya que este contribuye a eliminar la humedad excesiva con la transpiración.

Como habíamos señalado anteriormente, el prado asociado al huerto ejerce una fuerte competencia hídrica. Esta competencia es particularmente peligrosa durante los primeros años, aunque es mucho menor para los perales adultos injertados sobre pie franco.

La alfombra herbácea puede limitarse a una banda entre las filas de los árboles frutales. Una vez adoptado el sistema de plantación de césped, todo trabajo mecánico del suelo está fuertemente desaconsejado en la medida en que las raíces del peral situadas en la superficie estarían gravemente afectadas.

El acolchado

El acolchado es otro de los sistemas de cultivo que consiste en recubrir el suelo con paja u otros residuos orgánicos biodegradables (hojas, hierba segada, residuos de agujas de pino, serrín de madera, etc.). También podrá utilizarse, una vez segada, la hierba que se habrá hecho crecer entre las filas o bien los residuos de madera de la poda reducidos a virutas. Al principio de la aplicación, la altura de la capa orgánica no deberá ser inferior a los doce o quince centímetros y será mantenida a ese nivel con aplicaciones repetidas a medida que la materia en contacto con el suelo se descomponga o se humedezca.

El acolchado ejerce una influencia positiva en la fertilidad del suelo y puede sustituir completamente el hecho de trabajarlo. Pero cuando se escoja y se aplique este sistema deberá mantenerse igual que en el caso de la plantación de césped y por las mismas razones:

• El acolchado sofoca las malas hierbas anuales y vivaces, eliminando así la competición hídrica y nutritiva.

• Reduce la evaporación del suelo y conserva la humedad, incluso si el viento es cálido y seco. Y al mantener el frescor, representa una protección eficaz contra la sequía.

• Modifica positivamente la estructura del suelo, igual que la plantación de césped.

• Constituye una fuente permanente de humus.

En un primer momento, los microorganismos que operan la descomposición de la sustancia orgánica sustraen el nitrógeno necesario para su

EL TRABAJO DE LA TIERRA Y LA ESCARDA

multiplicación. Sería, por consiguiente, útil administrarla de un modo rápidamente asimilable, como el nitrato de calcio, por ejemplo. Sin embargo, en un segundo momento, los residuos humidificados restituyen poco a poco el nitrógeno. El enriquecimiento en humus aumenta, además, la capacidad hídrica del suelo y presenta cierto número de ventajas:

— convierte el terreno en practicable, incluso después de abundantes lluvias, reduciendo el apisonado;
— permite a las ramificaciones radicales que exploren el terreno hasta la superficie, lo que es particularmente útil en suelos poco profundos.

Cabe añadir igualmente la disminución de cambios bruscos de la temperatura del suelo, y en ciertos casos, la reducción de daños provocados por la caída de peras en el transcurso de la recolección (magulladuras). El acolchado se desaconseja en suelos húmedos y fríos, y si los perales presentan síntomas de putrefacción de las raíces, es preciso no colocar la capa de paja directamente en contacto con el tronco.

El acolchado con lámina de plástico de color negro, muy habitual en el cultivo de las fresas, tiene todavía un empleo limitado en arboricultura, pero puede resultar aconsejable para el peral en ciertos casos particulares.

La escarda química

La escarda química es el método más moderno en el cultivo de huertos y vides. No prevé trabajo del suelo, sino la destrucción sistemática de hierbas mediante varios productos químicos. El éxito de la operación dependerá de la buena elección de los principios activos y de la época de intervención. Simplificando al máximo, pueden distinguirse tres tipos de escardadores.

Los herbicidas de contacto

Ejemplos: diquat y paraquat. Desecan rápidamente la parte aérea de todas las especies herbáceas con las que entran en contacto. Se interviene cuando la flora perjudicial está en pleno desarrollo sin riesgo de toxicidad, ya que se degradan rápidamente en contacto con el suelo. No obstante, no consiguen eliminar especies como la corregüela.

Los herbicidas de absorción radical

Ejemplo: simazina. Este herbicida se aplica cuando el terreno está aún desprovisto de malas hierbas, en marzo (es pues un tratamiento preventivo), y tiene una acción prolongada durante varios meses. Teniendo en cuenta las pequeñas dosis empleadas (de cuatro a cinco kilos por hectárea), el riesgo de acumulaciones nocivas en el suelo es muy limitado. Estos escardadores son igualmente poco eficaces contra ciertas plantas como la corregüela y la grama.

Los herbicidas sistemáticos de absorción foliar

Absorbidos por las hojas (en particular si se aplican en verano y en otoño) y transportados hacia las raíces, estos escardadores provocan un desecamiento lento pero total de las malas hierbas, incluidas las especies vivaces. El glifosato es un principio activo eficaz que pertenece a este grupo.

El fruticultor, gracias a la acción combinada de estos herbicidas, puede limpiar el huerto de todas las hierbas o bien limitar la escarda química a la parte del terreno que se encuentre debajo de la fila.

Cuando se trate de perales de menos de tres años, es preciso limitarse a las dosis mínimas de empleo.

LA FERTILIZACIÓN

La fertilización o abonado consiste en aportar al suelo los abonos orgánicos y minerales en forma asimilable por las plantas, con el fin de aumentar su nivel de nutrición y permitirles obtener rendimientos productivos.

Además de los abonos propiamente dichos (véase cuadro de los principales abonos empleados para el cultivo de perales en las páginas 70-71), es a veces útil, o necesario, corregir el pH, es decir el exceso de acidez o de alcalinidad del suelo.

El abono no es siempre indispensable, ya que el suelo puede contener elementos nutritivos en cantidad suficiente. No obstante, es útil en las zonas de cultivo intensivo donde la producción es importante.

Describiremos en el presente capítulo la técnica del abono de una plantación industrial. Para el huerto de tipo familiar, la práctica del abono reviste menos importancia y serán las circunstancias las que indicarán el camino necesario.

Recordemos que el abono no puede ser eficaz si las condiciones hídricas del suelo no son favorables a su empleo. Si el suelo presenta un exceso de humedad, las raíces no pueden absorber los elementos nutritivos (en condición de asfixia, falta la energía necesaria al proceso de absorción proporcionada por la respiración radical). Si es en cambio demasiado seco, los elementos no pueden ser solubles y, por tanto, no son absorbidos por las raíces. Sólo el riego puede entonces resolver este problema.

El abono debe estar adaptado a la naturaleza del suelo (según las indicaciones proporcionadas por el análisis) y a las exigencias fisiológicas del árbol, que varían según su edad y su productividad. Las técnicas de cultivo y, en un lugar primordial, el riego juegan también un papel destacable.

El suelo

En los suelos con tendencia a ser blandos y arenosos, más sujetos al lavado, es necesario aplicar dosis mayores de abono y proporcionar aportes masivos de sustancia orgánica, sobre todo si esta es inferior al 2 % o 2,5 %.

En los suelos de aluviones de composición media, bien provistos de materia orgánica, el abono puede ser abandonado durante varios años si los árboles se muestran muy vigorosos y productivos. En los suelos volcánicos, muy ricos en potasio y pobres en calcio, el abono potásico será no sólo superfluo sino también nocivo.

Aspectos biológicos

Las exigencias de las plantas son muy diferentes según su edad, es decir, si se trata de plantas jóvenes en formación o de árboles que producen ya sus frutos.

Las primeras tienen, en efecto, necesidad de abonos nitrogenados, ya que deben desarrollarse, adquirir un gran vigor y rápidamente formar una vegetación que tendrá producciones frutales.

Para los árboles adultos, es necesario un aporte de todos los elementos obtenidos durante la fructificación; en primer lugar, el nitrógeno y el potasio, pero también el fósforo.

El abono del peral en producción debe, sin embargo, llevarse a cabo con cierta prudencia ya que el exceso de nitrógeno puede tener graves repercusiones en la calidad del fruto y su aptitud para la conservación: pérdida de firmeza de la pulpa, aparición de alteraciones en la cámara frigorífica, mayor sensibilidad a las pudriciones y al exceso de maduración de los frutos.

El nitrógeno debe aplicarse en abundancia sólo si los árboles carecen de vigor. En efecto, este elemento es el que proporciona los materiales necesarios para el crecimiento e indispensables para la fructificación. El peral en membrillero exige más nitrógeno. El potasio tiene funciones reguladoras en el metabolismo de los azúcares, así como en los equilibrios hídricos entre los distintos órganos, y por esta razón puede influir positivamente en la calidad de los frutos. El fósforo ejerce también funcio-

LA FERTILIZACIÓN

nes esenciales, pero actúa en pequeñas cantidades. Es, pues, extraño que se observen carencias de fósforo.

El calcio y el magnesio son otros microelementos importantes. La carencia de calcio acarrea alteraciones de la pulpa, que se manifiestan sobre todo en su conservación.

Sin embargo, es difícil prevenirlo o tratarlo mediante simples aplicaciones de calcio en el suelo.

De los microelementos, es decir, los que se encuentran en muy pequeña cantidad en los tejidos vegetales, el boro, el hierro y el cinc y el manganeso son los más interesantes.

Los microelementos se utilizan preferentemente en el riego o pulverizando sobre las hojas.

El peral es particularmente sensible a la carencia de hierro si está injertado en membrillero en suelos excesivamente calizos.

Se aconseja solucionar este problema mediante el aporte de quelatos (compuestos orgánicos de hierro) para restablecer el equilibrio de la planta.

Los aportes de abono y las técnicas de cultivo

Las técnicas de cultivo que pueden tener más influencia en el abono y la fertilización son el tipo de portainjerto, los sistemas de trabajo del suelo y el riego.

Respecto al portainjerto, el membrillero permite una densidad de plantación mucho mayor que el pie franco y proporciona desde los primeros años una producción unitaria más importante. Las exigencias del peral sobre membrillero son pues mayores en materia de abono.

El acolchado a lo largo de la fila reduce primero el nitrógeno rápidamente asimilable, pero aumenta su disponibilidad después.

La poda de fructificación y el aclareo de los frutos influyen en la medida en que producen menos necesidad de abono del árbol.

La evaluación de las exigencias de abono

Esta evaluación se da sólo a título indicativo.

El análisis del suelo

Este tema ya se ha tratado en el capítulo del abono de fondo que debe aplicarse antes de la plantación. El análisis del suelo tiene sólo una fiabilidad limitada, porque no es fácil conseguir muestras del terreno representativas para toda la superficie cultivada. Además, no puede precisar si la cantidad de elementos nutritivos indicada está realmente disponible en la absorción radical. Eso sucede con todos los elementos, pero especialmente afecta a los microelementos que son muy sensibles a las variaciones de pH, humedad, etc.

Para poder realizar una comparación de los datos del análisis y de los valores de referencia, es preciso tener en cuenta también otros factores (como la capacidad de intercambio catiónico y el porcentaje de arcilla) que deben figurar en la ficha de un análisis.

BUENA COMPOSICIÓN FÍSICA Y QUÍMICA DEL SUELO (PERALEDA)

COMPONENTES FÍSICOS		COMPONENTES QUÍMICOS	
Elementos	Valores	Elementos	Valores
Esqueleto (guijarros)	10-15 %	Nitrógeno total	1,2-1,8 %
Arcilla	15-20 %	Anhídrido fosfórico disponible	50-60 ppm
Limo	25-30 %	Óxido de potasio disponible	120-100 ppm
Arena	50-55 %	Óxido de magnesio disponible	80-120 ppm
Permeabilidad	20-40 mm/hora	Caliza activa	menos de 2-3 %
Materias orgánicas	2,5-3 %	pH	6,5-7 %

ppm: partes por millón.

LA FERTILIZACIÓN

El análisis foliar

El análisis del contenido de las hojas en elementos minerales refleja el estado de nutrición del árbol entero, y proporciona indicaciones más realistas y fiables que el análisis del suelo.

Este método no se aplica todavía a gran escala, pero está cada vez más extendido en los medios más avanzados. Las muestras de hojas pueden ser recogidas directamente por el fruticultor procediendo del siguiente modo: a finales del mes de julio, se escoge una muestra de diez plantas situadas en distintos lugares del campo y representativas en su desarrollo y su producción. Se recoge entonces de cada una de ellas unas ocho o diez hojas (una por brote) de la parte media, escogiendo las yemas de vigor medio.

Las hojas deben estar sanas y enteras, y deben recogerse sin pecíolo.

A continuación se dejan secar al aire y luego se envían en una bolsita de papel al laboratorio. En el cuadro figuran los niveles de elementos nutritivos existentes en una hoja que son óptimos para el peral, particularmente en las condiciones del norte de España.

NIVEL ÓPTIMO DE ELEMENTOS NUTRITIVOS DE LAS HOJAS	
Elementos nutritivos	Porcentaje en la materia seca
Nitrógeno	2,4-2,6
Fósforo	0,16-0,18
Potasio	1,3-1,8
Magnesio	0,3-0,6
Calcio	1,6-2,0

Los criterios de restitución

Una indicación de las necesidades de abono puede ser proporcionada por el cálculo de la extracción de elementos minerales que absorben cada año los perales a través de los frutos y las ramas secundarias (si no se deja la madera en el lugar). Para una producción de trescientos a cuatrocientos quintales por hectárea, la extracción corresponde a los valores siguientes:

— nitrógeno, de ochenta a cien kilos;
— fósforo, de veinte a veinticinco kilos;
— potasio, de cien a doscientos kilos.

Los criterios de restitución pueden indicar un exceso, cuando el terreno ya está bien provisto de un cierto elemento asimilable (como el potasio en los suelos volcánicos) o una deficiencia cuando sólo un parte de los elementos proporcionados por el abono es utilizada por las raíces, mientras que el resto es arrastrado por las lluvias, por ejemplo.

La observación directa

El examen periódico de la vegetación y de la fructificación puede proporcionar indicaciones muy interesantes sobre las exigencias del abonado.

La carencia de nitrógeno se manifiesta por un crecimiento reducido de las yemas, una ausencia de chupones en el tronco, un follaje verde pálido y una lignificación prematura de las ramas secundarias. También puede notarse una granazón débil, una maduración precoz de los frutos, una caída prematura de las hojas y una reducción en número y tamaño de las yemas florales.

La *carencia de potasio* se caracteriza, cuando es notable, por el color verde-pardo de las hojas, que se quedan pequeñas y cuyos bordes se desecan.

La *carencia de hierro* se manifiesta generalmente en el peral sobre membrillero por la clorosis en las nerviaciones de las hojas jóvenes en el extremo de los brotes.

La *carencia de boro* se manifiesta por acortamientos de los entrenudos y deformaciones características, por las zonas suberosas (que se parecen al corcho) y la resquebrajadura de los frutos.

Las consideraciones prácticas

Se entiende pues que es imposible proporcionar «fórmulas» de abono para los perales en producción que sean válidas permanentemente y en todos los casos.

LA FERTILIZACIÓN

Sólo podemos indicar las dosis mínimas y máximas de los distintos elementos minerales que deben distribuirse anualmente dejando al fruticultor el cuidado de escoger la dosis más apropiada.

Elementos minerales	Dosis mínimas y máximas por hectárea
Nitrógeno	de 30 a 20 kilos por hectárea (hasta 150 kilos para los perales sobre membrillero)
Fósforo	de 50 a 100 kilos por hectárea
Potasio	de 50 a 150 kilos por hectárea

La cantidad de abono que deberá distribuirse dependerá naturalmente de lo que ya contengan. Por ejemplo, para distribuir cien kilos de nitrógeno por hectárea, deberían aplicarse quinientos kilos de sulfato de amoniaco, ya que este abono contiene aproximadamente el 20 % de nitrógeno.

En cuanto a la época de distribución, es preferible aplicar los abonos nitrogenados entre el final del invierno y el principio de la primavera. Los abonos potásicos y fosfóricos deben aportarse a finales de otoño.

En caso de carencia de nitrógeno, conviene no obstante distribuir una parte del nitrógeno en otoño en forma de urea para favorecer la recuperación de la vegetación, la fecundación y la granazón.

También es posible aplicar abonos en el follaje. Se riegan entonces las hojas con una solución de macro y de microelementos en una concentración baja (de quinientos a seiscientos gramos en cien litros de agua).

Las hojas jóvenes absorben fácilmente las soluciones de abonos foliares con la condición de que las sales minerales sean perfectamente solubles en agua. Existen en el mercado abonos foliares completos que contienen elementos mayores y elementos menores, dosificados de modo diferente según las necesidades: deberá recurrirse por ejemplo a abonos con gran contenido en nitrógeno cuando quiera estimularse la vegetación o si la planta parece acusar una deficiencia de nitrógeno. Normalmente se aconseja que se apliquen los tratamientos repetidos. Al poder mezclarse la sustancia fertilizante con soluciones antiparasitarias, se facilita la operación y se reduce el coste de producción.

Este método de distribución del abono en las hojas presenta la ventaja de tener una rápida acción y supone así un complemento, a menudo útil, del abono clásico por vía radical.

Se aconseja regar al caer la tarde para favorecer su absorción.

Los conocimientos de los que se dispone en cuanto a la influencia del abono sobre la calidad y la aptitud para la conservación de las peras son todavía poco precisos. Se ha notado que las peras *Williams*, destinadas a la preparación de zumos, presentan las mejores características organolépticas si el suelo es particularmente rico en nitrógeno.

Un abono bueno y completo parece igualmente retrasar la aparición de las temidas alteraciones durante la conservación de las peras en cámara frigorífica.

LOS ABONOS QUÍMICOS MÁS EMPLEADOS EN LA GESTIÓN DE UNA PERALEDA		
Nombre y cantidad	Características	Empleos
Nitrato de calcio (15 % de nitrógeno)	Muy soluble y fácilmente lavable. Reacción alcalina de efecto rápido	En suelos no alcalinos, aplicaciones fraccionadas en primavera
Sulfato de amoniaco (10 % a 21 % de nitrógeno) en polvo	Poco lavable. Reacción ácida medianamente rápida	En suelos no ácidos, en primavera
Nitrato de amoniaco (26 % a 27 % de nitrógeno)	Reacción neutra. De efecto rápido y relativamente duradero	En primavera en todos los suelos. Fertiliza todo el perfil del suelo
Urea (46 % a 48 % de nitrógeno)	Reacción neutra. De efecto lento y duradero	Para todo tipo de suelos, en primavera o en otoño

LA FERTILIZACIÓN

LOS ABONOS QUÍMICOS MÁS EMPLEADOS EN LA GESTIÓN DE UN VERGEL

Nombre y cantidad	Características	Empleos
Fosfato biamoniacal (20 % de nitrógeno y 48 % de anhídrido fosfórico)	Reacción neutra	Fácil de asimilar Muy indicado en los suelos ricos en potasio
Superfosfato mineral (18 % a 20 % de anhídrido fosfórico)	Con tendencia ácida De lenta asimilación	Preferible para suelos alcalinos, en otoño
Escorias de Thomas (16 % a 18 % de anhídrido fosfórico)	Reacción alcalina De lenta asimilación	Preferentemente para suelos ácidos, en otoño
Sulfato potásico (50 % a 52 % de óxido potásico)	Reacción neutra Acción más bien lenta	Para distintos tipos de suelos, en otoño

EL RIEGO

Generalidades

Desde el punto de vista ecológico y fisiológico, el peral es una planta poco resistente al calor y a la sequía, sobre todo si está injertado sobre membrillero. La pluviosidad anual (especialmente si se concentra en los seis meses de otoño y de primavera, como sucede en el clima mediterráneo) no basta para compensar las pérdidas de agua debidas a la evaporación del suelo y a la transpiración de la vegetación de los árboles (evapotranspiración). Por consiguiente, se produce una alteración, más o menos prolongada, del buen funcionamiento de los distintos órganos, y la actividad fotosintética se reduce mucho, lo que acarrea graves consecuencias en la producción.

Tanto la cantidad como la calidad de los frutos (y especialmente el calibre) se ven afectados y se dificulta la formación de yemas florales para la fructificación del año siguiente. En algunas variedades, los desequilibrios hídricos, es decir, la alternancia de buenas disponibilidades hídricas con periodos de carencia, causan alteraciones particulares como la necrosis apical de los frutos y la fisuración de la piel, que es típica de las variedades *Williams* y *Decana del Comicio*.

El empleo de portainjertos débiles (como el membrillero) de arraigamiento superficial, necesita un sistema de riego. En los jardines frutales se utilizará preferentemente el pie franco, ya que el riego no es posible, y se adoptarán eventualmente variedades de desarrollo modesto.

La cantidad de agua que necesita un huerto depende igualmente de la técnica de cultivo. Allí donde se cubre habitualmente el terreno con césped, la evapotranspiración total es mucho más importante. En cambio, la capa de paja reduce la evaporación del suelo y conserva su humedad, lo que constituye un ahorro a menudo importante.

EL RIEGO

En numerosos huertos, en suelos de composición media con una excelente capacidad hídrica, el cultivo no está irrigado y los daños debidos a la falta de agua son poco frecuentes. La situación es completamente diferente en las tierras blandas, permeables, con un subsuelo gravoso, de la región mediterránea. El riego aparece en estos medios como un instrumento esencial, y más teniendo en cuenta que la falta de agua, perjudicial para la absorción radical, impide la utilización de los abonos aplicados al suelo. En algunas zonas, el riego tiene sólo una función de apoyo durante periodos de gran carencia; también puede tener un gran papel en la lucha contra las heladas blancas o la escarcha.

En ese caso, debe disponerse de una instalación (sistema de riego fijo por aspersión) y de una gran cantidad de agua para irrigar todo el campo al mismo tiempo.

La práctica del riego plantea dos problemas: el momento en que se realiza y la cantidad de agua que se utiliza en cada ocasión. Estos dos aspectos se tratan empíricamente.

Conviene, para racionalizar más la técnica de riego, establecer un equilibrio hídrico, evaluando por una parte (como activo) la cantidad de humedad contenida en el suelo y la de las lluvias estivales, y por otra parte (como pasivo) la cantidad de agua que se evapora del suelo y la que transpiran las hojas de los perales así como el resto de vegetación presente en el campo.

En la práctica, pocas veces se calcula la humedad del suelo, pero existen instrumentos al efecto.

Los tensiómetros. Se trata de un manómetro de depresión unido mediante un tubo de cuarenta a cincuenta centímetros de largo a una bola de cerámica porosa llena de agua y enterrada en el suelo. Cuanto más seco está el suelo, más sustrae el agua contenida en la bola y al revés. La lectura del manómetro indica indirectamente el nivel higrométrico del terreno.

Los aparatos que calculan la resistencia eléctrica. Miden la resistencia al paso de la corriente eléctrica entre dos electrodos situados en el suelo a mucha profundidad. Esta resistencia es más elevada cuando el contenido hídrico del suelo es débil.

El cálculo de la evapotranspiración se realiza mediante *cubas evaporimétricas*. Se puede así determinar el déficit hídrico mensual que corresponde al volumen de agua que debe distribuirse. El cálculo siguiente, establecido por hectárea en las condiciones del sur, puede dar una idea del consumo hídrico de un campo de marzo a octubre; la cantidad de materia seca producida (frutos + crecimiento de la vegetación y las raíces) es de seis toneladas.

La cantidad de agua necesaria para producir un kilo de materia seca es de 500 litros. De este modo, para producir seis toneladas harán falta 3.000 metros cúbicos, o sea 300 milímetros.

La cantidad de agua para distribuir debe tener en cuenta las exigencias cualitativas y de conservación, y evitar la creación de desequilibrios en el metabolismo nutricional. Para la variedad *Williams*, una cantidad igual al 65 % de agua evapotranspirada parece garantizar buenas características cualitativas.

Los sistemas de riego

Pueden clasificarse en tres tipos principales.

Por infiltración

El agua llega al campo por medio de canales, acequias y surcos, y se infiltra progresivamente en el suelo (terreno con pendiente de 1 ‰-1,5 ‰). Este sistema tradicional en las regiones meridionales supone importantes consumos de agua, particularmente en las tierras blandas y permeables, y un alto empleo de mano de obra. El terreno no puede ser regado siempre de forma uniforme y está sometido en ciertos puntos a un lavado peligroso.

Este sistema es a menudo sustituido por sistemas de riego por aspersión o localizado.

Por aspersión

Se emplea preferentemente el método de riego lento con aspersores de baja presión (2,5-3 bares) y de corto alcance (12-15 m).

Las instalaciones pueden ser permanentes con líneas principales y laterales enterradas o bien alas laterales móviles. Si no se dispone de una

EL RIEGO

presión natural suficiente, la instalación necesitará un grupo de bombeo. Los conductos pueden ser de metal o de plástico. Los aspersores son generalmente de tipo rotativo (una o dos rotaciones por minuto) sostenidos por barras verticales de aproximadamente tres metros de altura y casi siempre alineadas para no molestar el paso de las máquinas.

La distancia entre los aspersores deberá ser inferior al radio de alcance para que las zonas circulares cubiertas por las regadoras puedan superponerse, lo que garantizará la uniformidad del riego. La intensidad horaria de lluvia es de tres a cinco milímetros para este tipo de instalación. El diámetro de los tubos debe ser de ocho a diez milímetros con un caudal de treinta a cincuenta litros por minuto.

El sistema por aspersión supone una importante inversión, pero presenta numerosas ventajas en comparación con el sistema de infiltración:

— no exige acondicionamientos particulares, ni de nivelación del terreno, incluso si se trata de terrenos con pendiente, accidentados o de naturaleza diversa;
— funciona en gran parte automáticamente, de ahí el ahorro de mano de obra, y permite una intervención más rápida;
— no existe relieve sobre el terreno ocasionado por canales, terraplenes, etcétera;
— es más eficaz y exige un menor volumen de agua que el sistema por infiltración;
— riega el terreno con una gran uniformidad, si no hay viento;
— la aspersión puede ser utilizada para la lucha contras las heladas y, en los medios más cálidos durante los meses de verano, para reducir la temperatura ambiente.

Sin embargo, no se puede emplear este sistema para los tratamientos fitosanitarios o para el riego fertilizante.

El riego localizado

Este término incluye los métodos de distribución de agua a muy bajas presiones y en cantidad limitada. El riego puede realizarse gota a gota, por chorro o aun por microaspersor con una distribución localizada de planta a planta. Las líneas de distribución están constituidas por tubos de plástico de pequeño diámetro (de diez a catorce milímetros) y están alimentadas por un conducto principal generalmente enterrado. Es necesario un dispositivo regulador provisto de un filtro para evitar que las impurezas del agua obstruyan los tubos. Estos últimos son de distintos tipos y, a menudo, autolimpiables. Distribuyen de tres a cinco litros por hora y están situados a intervalos de uno a dos metros en las líneas de distribución que se extienden a lo largo de la fila de árboles frutales cuando esto es posible.

El riego localizado se ha extendido tanto en los campos de grandes dimensiones como en los huertos familiares debido a sus ventajas:

— consumo de agua reducido, ya que no existe ninguna dispersión;
— posibilidad de dosificación más precisa, también mediante automatismos, manteniendo la humedad en el nivel deseado.

Debe añadirse que este sistema no favorece las enfermedades criptogámicas y que es menos oneroso. No obstante, el riego localizado no es conveniente para suelos muy arenosos o muy arcillosos. En el primer caso, la expansión lateral de la zona mojada es débil, teniendo en cuenta la rápida percolación vertical del agua. En el segundo caso, el flujo continuo de agua puede originar una zona de asfixia. Este sistema tampoco puede ser empleado para luchar contra las heladas. Habrá que señalar finalmente como mayor inconveniente el riesgo de obstrucción de los tubos (más reducido en el caso de tubos autolimpiables, obviamente).

El riego localizado se realiza con microaspersores rotativos que permiten ahorrar el agua y mantener un buen grado de humedad en la capa de suelo donde se encuentran las raíces

LAS ENFERMEDADES Y LOS ENEMIGOS DEL PERAL. LA LUCHA FITOSANITARIA

El peral es, como el manzano, uno de los árboles frutales que exige más atenciones. La protección fitosanitaria incluye tanto las enfermedades criptogámicas (virus, bacterias y hongos parasitarios) como las plagas de insectos y ácaros.

En el caso de cultivos con finalidad comercial, las intervenciones son muy numerosas, de veinte a veinticinco anuales, y exigen medios y mano de obra adecuados. Son, sin embargo, indispensables si quieren obtenerse frutos bonitos, sanos, que puedan conservarse y por lo tanto comercializarse.

Si se trata de jardines frutales o huertos familiares, las exigencias son menores y las intervenciones pueden ser mucho más limitadas, lo que permite a la vez obtener buenos resultados. Una cierta pérdida cuantitativa y cualitativa debida a una lucha insuficiente estará por otra parte compensada por un mayor respeto al equilibrio biológico.

Desde la posguerra, la defensa del peral y de los cultivos en general se ha realizado casi exclusivamente con medios químicos. Si por una parte se ha logrado dominar la mayoría de parásitos de los órganos vegetativos y frutos, por otra parte han surgido inconvenientes relacionados con el carácter tóxico de esos productos, con el coste de los tratamientos y la progresiva resistencia de ciertos insectos a algunos activos empleados.

Hoy en día se evalúa de nuevo desde este punto de vista la «lucha biológica», fundada más en el empleo de enemigos y predadores naturales de los parásitos del peral que en la intervención humana. En efecto, la lucha química elimina también todos los insectos útiles que, para asegurar su existencia, eliminan o se oponen a los parásitos de las plantas. Los resultados son satisfactorios en un gran número de casos y dejan entrever la posibilidad de reducir notablemente los tratamientos y el empleo de insecticidas.

GUÍA COMPLETA DEL CULTIVO DE LAS PERAS

La lucha «integrada», que reúne la eficacia de los productos químicos y el control natural operado por la naturaleza, parece ser la solución del futuro.

Además de las enfermedades relacionadas con factores constitucionales, virus y carencias o desequilibrios nutritivos, el peral es atacado por criptógamos y parásitos animales.

LOS PARÁSITOS VEGETALES O CRIPTÓGAMOS	
Enfermedad	Parásito
Moteado	*Venturia pyrina*
Chancro común	*Nectria galligena*
Momificado del fruto	*Monilia fructigena*
Mal del plomo	*Stereum purpureum*
Podredumbre blanca de la raíz	*Armillaria mellea*
Fuego bacteriano	*Erwinia amylovora*

ALGUNAS ESPECIES DE PARÁSITOS ANIMALES	
Psila	*Cacopsylla pyri*
Piojo de San José	*Quadraspidiotus perniciosus*
Gorgojo de invierno del peral	*Anthonomus cinctus*
Mosquito del peral	*Contarina pyrivora*
Hoplocampa	*Hoplocampa brevis*
Carpocapsa	*Cydiaa pomonella*
Zeuzera	*Zeurea pyrina*
Pulgón ceniciento	*Dysaphis pyri*

LAS ENFERMEDADES Y LOS ENEMIGOS DEL PERAL. LA LUCHA FITOSANITARIA

Los parásitos vegetales

El moteado

Para los árboles frutales de pepitas es la enfermedad criptogámica más extendida y más peligrosa, sobre todo si la primavera es lluviosa. Todas las partes aéreas del peral pueden quedar afectadas por la enfermedad, que se manifiesta por manchas de color parduzco. Estas pueden extenderse, fusionarse y volverse luego negras y aterciopeladas.

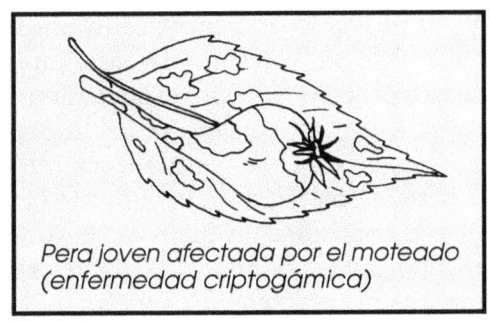

Pera joven afectada por el moteado (enfermedad criptogámica)

El ataque se produce en las hojas en todos los estadios de su desarrollo; las manchas aparecen al principio en las partes inferiores del árbol. Si este no recibe los cuidados necesarios y la enfermedad se propaga, las hojas pueden caer en gran cantidad. Las consecuencias son graves: el moteado compromete el desarrollo de la vegetación y de los frutos así como la preparación de las yemas para el año siguiente. Las flores también quedan parduzcas y caen. Sin embargo, en los frutos es donde los daños producidos son más importantes. Los ataques prematuros, un poco después de la granazón, acarrean la caída de los frutos; en las peras pequeñas, la parte tocada por la infección no logra desarrollarse regularmente: la epidermis que presenta manchas suberosas[1] se deprime, se deforma y puede llegar incluso a agrietarse.

Los síntomas de la enfermedad pueden igualmente caracterizarse por pequeñas manchas negruzcas en las peras ya cosechadas (los ataques a finales de verano producen las pequeñas manchas superficiales, poco visibles en la cosecha, que se desarrollan en los lugares de conservación). Las ramas más expuestas a los ataques del hongo son las ramas secundarias que no han sido aún lignificadas. Las alteraciones se presentan en forma de pequeñas pústulas oliváceas que pueden estallar y hacer que la rama sea más receptiva a otras infecciones.

Las variedades más sensibles al moteado son: *Castell*, *Buena Luisa de Avranches*, *Decana de invierno*, *Mantecosa Giffard*, *Williams*.

---

1. La modificación de la membrana de las células vegetales da lugar a la formación de corcho.

El moteado está provocado por un hongo ascomiceto microscópico cuyo ciclo se realiza en invierno en las hojas y en los residuos vegetales caídos al suelo, y luego, al llegar la primavera, en las partes verdes del árbol. Castiga especialmente los lugares donde las lluvias son frecuentes y prolongadas. Una temperatura relativamente elevada favorece igualmente la aparición de la enfermedad, que si no es dominada a tiempo, puede continuar propagándose durante todo el periodo de vegetación. La época de la floración, la que le precede y la que le sucede, son los momentos más críticos. Es preciso, por consiguiente, redoblar la vigilancia y luchar con eficacia en caso de observar síntomas de la enfermedad. La estación más cálida (a partir de junio) es claramente menos propicia al desarrollo de la enfermedad.

El tratamiento

Es costoso y técnicamente difícil. Al estar relacionada la infección con la evolución del clima, ciertos años registran frecuentes ataques, mientras que en otros el moteado no aparece. La difusión del hongo dependerá del sistema de plantación y de la densidad del campo. Cuanto mayor sea la densidad, mayor será la propagación de la enfermedad.

Hay en el mercado muchos productos que pueden usarse según los distintos casos: el perfecto conocimiento del ciclo biológico del parásito ha permitido poner a punto métodos de lucha muy eficaces. Podemos subdividir los tipos de tratamiento en cuatro categorías:

— preventivo: antes de que se manifieste la infección;
— antigerminativo: contra los órganos de contaminación ya presentes;
— curativo: para interrumpir la infección que ya existe;
— extintivo: después de la contaminación, para evitar que se propague la infección. A estos tipos corresponde el empleo de varios principios activos, preventivos y curativos, anticriptogámicos.

Entre los preventivos más conocidos y utilizados, recordemos:

— maneb;
— zineb;

LAS ENFERMEDADES Y LOS ENEMIGOS DEL PERAL. LA LUCHA FITOSANITARIA

— captan;
— mancozeb;
— folpel;
— TMTD.

Como curativos, que deben utilizarse después de la contaminación, el bitertanol y el fluzilozol se encuentran entre los más eficaces.

Deben tenerse presentes los fenómenos de resistencia favorecidos por un uso demasiado repetido de esos productos de tipo penetrante (en el vegetal). Este fenómeno ya fue constatado con los fungicidas de la familia del benomyl o carbendazim.

El tratamiento a tiempo es esencial; los servicios agrícolas realizan previsiones sobre la aparición de las infecciones basándose en los datos meteorológicos.

En otoño se obtienen buenos resultados complementarios realizando una aspersión del suelo y de las hojas que hayan caído hace poco con una solución al 0,5 % de urea. Este tratamiento permite acelerar la humidificación de la materia orgánica obteniendo un doble efecto: obstaculizar la formación de esporas del moteado, así como la evolución de crisálidas de *Litocolletis* (minadoras de las hojas) que hibernan, también, en las hojas muertas.

Un método de prevención muy eficaz consistiría en la creación de variedades resistentes a la roña; desgraciadamente, no existen cruces completamente satisfactorios que unan esta resistencia a los aspectos cualitativos y cuantitativos deseables.

El chancro común

Es una enfermedad que afecta a un gran número de especies lignosas de frutos. En el caso del peral, especie particularmente sensible, es más frecuente en los árboles vigorosos que presentan un exceso de nitrógeno o bien que no están sometidos a intervenciones de cultivo regulares y cuidadas. El chancro común castiga especialmente en las regiones húmedas o sujetas a heladas.

La enfermedad se manifiesta en todos los órganos lignosos y en los frutos. Manchas pardas rojizas, deprimidas, aparecen primero en las ramas en la base de las ramificaciones o en el lugar de una antigua lesión. Con la evolución de la enfermedad, la corteza se rompe y se despega, y la madera puede ser atacada. Los tejidos sanos situados en el límite de la zona alcanzada reaccionan formando un anillo[2] cicatrizante que delimita la lesión de forma muy neta. Luego serán a su vez alcanzados por el agente patógeno y otro anillo se formará de nuevo más lejos.

La aparición de la enfermedad está relativamente limitada en los frutos (presencia de una podredumbre seca). Sucede con frecuencia que otros agentes patógenos se establecen en las lesiones causadas por la enfermedad, agravando así el mal. El hongo produce esporas que se unen formando grupos en las heridas y las lesiones preexistentes. Las condiciones que favorecen la aparición y la evolución de chancros son:

— el exceso de humedad;
— los suelos compactos;
— las tierras inundadas de agua;
— las heladas invernales;
— los abonos demasiado ricos en nitrógeno.

El tratamiento

El único método de lucha realmente válido es la prevención.

En caso de lesiones, debe efectuarse un tratamiento desinfectante. El invierno es generalmente el periodo más crítico durante el que dos o tres tratamientos pueden ser suficientes. Los productos a base de cobre son los más indicados. Recuerde que debe cortar las partes infectadas y desinfectar el material tras una eventual poda de saneamiento.

El momificado de los frutos

Si coincide con periodos climáticos húmedos y situaciones culturales desfavorables, esta enfermedad puede tener una importancia notable.

---

2. Formación anular que se manifiesta cuando la circulación de la savia es obstaculizada.

LAS ENFERMEDADES Y LOS ENEMIGOS DEL PERAL. LA LUCHA FITOSANITARIA

La parte más afectada son los frutos, si bien otros órganos verdes y lignosos son atacados también. Para los frutos, el peligro se extiende prácticamente desde la granazón hasta la conservación; durante esta última, la enfermedad puede causar graves daños irreparables.

Una mancha redonda de color pardo, no deprimida, y que aumenta rápidamente indica el principio de la enfermedad. Una serie concéntrica de pústulas gris crema se desarrolla a partir del centro. La pera entera está sometida en algunos días a un proceso de marchitez y se descompone (fenómeno de momificación). En invierno, se puede ver en los campos a esas «momias» colgando aún de las ramas.

Además, el fruto resulta atacado con frecuencia cuando se coloca en el lugar de conservación o si se expone demasiado tiempo al aire libre. Si la infección se desarrolla al abrigo de la luz, el fruto queda completamente negro, brillante, sin producción de pústula.

Si la enfermedad se manifiesta en otros órganos, la flores son las primeras alcanzadas; se ennegrecen, se marchitan y caen en poco tiempo. Las ramas y las hojas raramente se ven afectadas. Si, a pesar de todo, la enfermedad aparece en estos órganos, se observan manchas necróticas.

El tratamiento

Se articula en tres intervenciones diferentes:

— control de la fauna perjudicial que puede provocar daños en los órganos más sensibles exponiéndolos más fácilmente a una eventual infección;
— desinfección del cultivo, eliminando las ramas infectadas y los frutos momificados;
— prevención de las infecciones mediante tratamientos que necesitan productos específicos.

El mal del plomo

Lo temen sobre todo en las zonas húmedas y frías. Se manifiesta en el follaje, confiriéndole una coloración característica plateada, metálica (se habla de aspecto «plomizo»). Las hojas tienden a encogerse y se hacen carnosas. Los síntomas pueden constatarse en la totalidad del follaje o únicamente en algunas partes. El resto de la planta, incluidas las raíces, aparece necrosada y toma una coloración oscura. La evolución de la enfermedad disminuye el crecimiento y deseca la vegetación.

El hongo penetra en el árbol por heridas que dejan la madera al descubierto: heridas de tala, ingletes de injerto, etc. La infección puede también realizarse por las raíces sobre las que se establecen las esporas. Para que estas germinen son necesarias una humedad muy fuerte y una temperatura comprendida entre 15 °C y 18 °C. Por consiguiente, es posible que las infecciones se presenten desde el principio de la primavera.

El tratamiento

Como para otros micelios, las condiciones sanitarias y de cultivo de la planta (evitar los suelos asfixiantes) son fundamentales. El método que debe emplearse es la erradicación total de los focos de infección: es conveniente arrancar y quemar los árboles afectados, eliminar sus raíces y desinfectar las heridas de poda.

Una nueva técnica que sería interesante experimentar con otros agentes patógenos consiste en inocular en las zonas infectadas un micelio antagonista. En el caso de *Stereum purpureum*, se ha descubierto una especie de *Trichothecium* que da buenos resultados.

La podredumbre blanca de las raíces

Los síntomas están representados por alteraciones del aparato radical, particularmente de las mayores raíces, que están cubiertas de micelio formando una cobertura blanquecina. Un examen más preciso de las zonas afectadas muestra agregados de micelio de algunos milímetros de grueso en la parte aérea de la planta: su desarrollo se ralentiza y se puede observar en poco tiempo su desecamiento total. La enfermedad se transmite generalmente por el suelo, donde el micelio de *Armillaria* se encuentra en su medio natural. Los primeros tejidos afectados son los corticales, que se ven invadidos y desvitalizados.

LAS ENFERMEDADES Y LOS ENEMIGOS DEL PERAL. LA LUCHA FITOSANITARIA

El tratamiento

Es sólo preventivo y tiende a mejorar las condiciones hidrológicas del suelo. En caso de nueva plantación, es preciso eliminar las raíces del árbol precedente y utilizar portainjertos vigorosos.

El fuego bacteriano

Esta enfermedad, provocada por la bacteria *Erwinia amylovora*, es ciertamente la que más amenaza a la peraleda, ya que conduce a la muerte de los árboles afectados. Apareció en España por primera vez en 1995 en Lezo (Guipúzcoa), en manzanos de sidra, procedente de Francia. En 1996 se detectaron nuevos focos en un vivero de Segovia y en una plantación de manzanas en Navarra. Actualmente ya se han identificado algunos focos en Lérida. En todos los casos se ha procedido a su erradicación y a la realización de las actuaciones previstas en la Directiva de la UE y la normativa española.

La bacteria penetra por las flores (primeras floraciones y floraciones secundarias) o por el extremo de los brotes herbáceos en verano. Los brotes y los pedúnculos florales afectados ennegrecen, se desecan y se curvan. Las necrosis progresan hacia el tronco. Se forman chancros donde puede supurar un exudado en la estructura. Bajo la corteza, los tejidos que han sido contaminados recientemente se estrían en un pardo rojizo. Durante el invierno la enfermedad se conserva en los chancros para desarrollarse y seguir propagándose en la primavera siguiente.

La bacteria se transmite por los pájaros, el agua que corre, y por los instrumentos de trabajo. Es particularmente virulenta en el peral, especialmente en el *Alexandrine Douillard*, *Decana del Comicio*, *Conference* y *Williams*. Se propaga a partir de numerosas pomáceas, como el manzano, que puede ser atacado, pero nunca tan gravemente.

El tratamiento

Desgraciadamente, no existe en la actualidad ningún método para tratar los árboles afectados; los únicos tratamientos conocidos son sólo preventivos y tienen una eficacia mediana. Es preciso, por tanto, impedir la introducción de la enfermedad:

— por la poda (desinfección del material);
— eliminando las plantas huéspedes sensibles inútiles;
— eliminando las floraciones secundarias;
— evitando las intermitencias del crecimiento que aumentan la receptividad (riego, fertilización irregulares);
— arrancando y podando las partes afectadas de los árboles tocados para retrasar su desarrollo y destruyendo y quemando esas partes.

La legislación impone además una acción colectiva y prohíbe la introducción de especies sensibles en las regiones expuestas. La lucha química llevada a cabo como complemento intenta proteger a los árboles que no han sido todavía afectados con tratamientos de cobre. Es conveniente efectuar ese tratamiento en las hojas apenas caídas y en curso de vegetación. Para resolver los problemas de fitotoxicidad del cobre durante la floración, actualmente se difunde un bactericida a base de flumequina mediante agrupaciones de defensa de los cultivos.

Los parásitos animales

La psila

Las psilas son insectos, parientes próximos del pulgón, que se alimentan sorbiendo la savia. La especie más temible es la *Psylla pyri*, que puede proporcionar, en la edad adulta, hasta cinco generaciones por año bajo la corteza de los árboles frutales, en las hendiduras de los troncos, etc.

La puesta, que empieza a finales de invierno, es proporcional a la temperatura y puede alcanzar setecientos huevos por hembra.

Poco después de la eclosión, las jóvenes larvas empiezan a sorber la savia secretando a la vez una abundante melaza que lo recubre todo. Se alimentan también de yemas, pedúnculos y brotes jóvenes.

La melaza provoca indirectamente graves daños, ya que sobre esta se desarrolla un hongo que produce un hollín negruzco, la fumagina. Los daños repercuten en el desarrollo (la fructificación del año siguiente

LAS ENFERMEDADES Y LOS ENEMIGOS DEL PERAL. LA LUCHA FITOSANITARIA

puede verse comprometida) y a la planta le cuesta almacenar las sustancias de reserva que deberá utilizar en la próxima primavera.

El tratamiento

Se puede luchar con eficacia a finales de invierno realizando un tratamiento de aceites amarillos, pero contra los huevos recién puestos existen productos que deben utilizarse durante la eclosión. Es preferible utilizar un producto que no perjudique a las abejas.

El piojo de San José

Se trata de una especie de cochinilla que forma encostramientos en las ramas secundarias. El piojo de San José produce tres generaciones en un año e hiberna en las ramas y los frutos en forma de larva. Los daños son graves. Además de la depreciación causada por las aureolas rojas características, las plantas muy afectadas se encuentran muy debilitadas y se marchitan lentamente, ya que este parásito sorbe la savia.

Es preciso controlar las ramas desde finales de invierno para constatar la presencia de escudetes bajo los que se encuentra el insecto.

El tratamiento

A finales de invierno se usa polisulfuro de calcio o de bario. Si la infestación es masiva, puede tratarse con oleo-paraciones antes de la brotación y con éteres fosfóricos durante la vegetación.

El depredador *Prospaltella berlesci* es suficiente para controlar el parásito en pequeños huertos.

El gorgojo de invierno del peral

De un color pardo rojizo, se distingue fácilmente de sus congéneres por una mancha negra en cada élitro y por el recorrido rectilíneo de la banda dorsal. Este coleóptero es activo en primavera y en otoño, y se esconde en verano. Los daños aparecen en forma de erosiones de las yemas jóvenes y de las ramas finas. Cuando renace la vegetación, las lesiones son muy visibles: los tejidos están necrosados y las yemas, vacías. La puesta se efectúa en otoño y en invierno si no hace demasiado frío.

El tratamiento

La lucha contra los coleópteros en general es poco frecuente. El periodo más indicado para actuar contra el gorgojo es otoño, antes de la puesta. El tratamiento con éteres fosfóricos es el más conveniente.

El mosquito del peral

De color amarillento, con una banda negra en el abdomen, mide unos dos o tres milímetros. Está presente a finales del mes de marzo, cuando las flores del peral están todavía cerradas. En ese periodo, las hembras ponen sus huevos entre los pétalos y los sépalos en grupos de 10 a 20; las larvas penetran en el ovario, provocando una hipertrofia del fruto. No obstante, en mayo, este crecimiento se detiene y el fruto cae.

Cada pera puede acoger hasta veinte larvas, que, cuando han cumplido su crecimiento, se dejan caer y pasan el invierno en el suelo.

El tratamiento

Se puede rociar el suelo situado bajo el árbol con insecticidas desinfectantes para matar las larvas. Fosalone, paratión, metilo o diazinón actúan directamente en la vegetación y deben distribuirse antes de la floración.

El hoplocampo del peral

Este himenóptero hace su aparición a principios de la floración y las hembras ponen sus huevos en la base de los sépalos. Las larvas son muy

LAS ENFERMEDADES Y LOS ENEMIGOS DEL PERAL. LA LUCHA FITOSANITARIA

voraces y la parte central del fruto recién formado es devorado en poco tiempo. Para poder acabar su ciclo, el hoplocampo debe migrar a otros frutos practicando un agujero circular en la epidermis. Tras atacar a dos o tres frutos, se deja caer al suelo, y el insecto se prepara para pasar el invierno formando un capullo. Este parásito no aparece todos los años a causa de sus largas diapausas. Puede suceder así que el fruticultor no se dé cuenta de la presencia del insecto durante varios años, y luego la infestación se declare de pronto. Si es masiva, puede suponer una pérdida del 30 % del producto.

El tratamiento

Debe efectuarse únicamente durante los años de grave infestación, aunque es conveniente llevar a cabo una vigilancia periódica del cultivo. Un tratamiento con productos apropiados como metil-azinfos, fosalón o metil-paratión, cuando caen los pétalos, acostumbra a ser suficiente.

Recordemos que es difícil combatir todos los fitófagos y particularmente los de menor importancia, en un huerto familiar. Eso produce, sin embargo, ciertas ventajas: la fauna útil es más importante y controla los insectos perjudiciales de un modo más eficaz, y si se practica un tratamiento, este es más efectivo ya que los parásitos aún no están acostumbrados a estos productos.

La carpocapsa

De todos los devastadores de los frutos de pepitas, la carpocapsa es, sin duda alguna, el más temible. Fitófago presente en las zonas frutales, es el enemigo número uno del manzano, pero ataca también al peral.

Después de pasar el invierno en estado larvario, se desarrolla en alguna anfractuosidad o en los lugares de conservación, y se transforma en mariposa en mayo-junio. Las hembras ponen sus huevos, de forma oblonga ligeramente convexa, en las frutas o más raramente en las ramas secundarias y en las hojas.

Las condiciones climáticas ejercen una influencia preponderante en el ciclo de la carpocapsa, particularmente en la eclosión de los huevos (unos cincuenta por hembra). En pleno verano, pueden bastar cinco días; con temperaturas más bajas son necesarios quince días.

Tras este periodo de incubación, que varía según la temperatura ambiente, los huevos dejan paso a las orugas. Estas se desplazan a la superficie de los órganos vegetales y se fijan en los frutos. Empiezan luego a roer la epidermis y a continuación penetran en su interior cavando en la carne una galería hasta el centro de la pera, y a menudo se comen las pepitas. El crecimiento larvario dura aproximadamente un mes. La larva abandona posteriormente el fruto para formar una crisálida en las ramas. Algunas crisálidas llegan al estadio adulto y se comportan como las de primera generación, mientras que otras entran en diapausa hasta la primavera siguiente. Es posible tener una, dos o tres generaciones según las condiciones climáticas y nutritivas.

Los daños provocados por la carpocapsa son de distinta naturaleza: van desde la simple erosión superficial hasta la excavación de una galería en el fruto (los frutos afectados caen entonces prematuramente).

Uno de los factores más desfavorables a los ataques de este lepidóptero es el frío, que limita la puesta y puede incluso provocar su detención.

El tratamiento

La carpocapsa tiene numerosos enemigos naturales, pero no obstante no bastan para controlarla. La lucha química da excelentes resultados si se lleva a cabo correctamente. Como la carpocapsa es sólo vulnerable en el estado larvario, los periodos durante los que puede tratarse son relativamente reducidos. A menudo se utilizan productos que penetran en las capas situadas bajo la epidermis atacando a la larva apenas entra en el fruto. Para evitar un número de tratamientos demasiado alto, o para obtener mejor efecto, se aplica una técnica que intenta evidenciar la presencia del insecto en el campo: se capturan los adultos con trampas y cuando el número supera cierto umbral, se efectúa un tratamiento.

La segunda generación es más difícil de controlar en la medida en que la eclosión no se opera en las mismas fechas cada año. Por consiguiente, es difícil saber cuándo su difusión es mayor. Se dispone de muchos productos para su tratamiento químico (acefato, metil-azinfos, carbaril, fosalone, etc.).

LAS ENFERMEDADES Y LOS ENEMIGOS DEL PERAL. LA LUCHA FITOSANITARIA

Otro método consiste en rodear las ramas con trapos o papeles antes de que las larvas se muevan. Cuando empiecen a migrar hacia los frutos, quedarán atrapadas entre los pliegues de esos trapos; será preciso obviamente sustituir esas trampas con bastante frecuencia.

Laspeyresia pirina no está tan extendida como su hermana *Laspeyresia pomoella*, pero es frecuente en el peral. Produce una sola generación anual, poniendo los huevos en los frutos, que son roídos hasta el corazón. La salida de las larvas es relativamente lenta y se pueden ver frutos aparentemente sanos que contienen el insecto. En ese caso, la lucha es todavía más ardua. Sólo una observación muy escrupulosa del campo de cultivo permite prever la infestación a tiempo. Los productos para emplear eventualmente son los mismos que los utilizados contra el otro carpocapsa.

La zeuzera

Está presente en un gran número de árboles frutales y provoca en el caso del peral serios daños a las plantas en formación y a los árboles adultos.

Su ciclo puede ser anual o bianual según la época en la que se pongan los huevos (a principios de verano o en una época más tardía). La eclosión dura prácticamente todo el verano, de mayo a agosto. Las hembras ponen un gran número de huevos (de mil a dos mil) en pequeños paquetes en los lugares más dispares del árbol. Cuando los huevos se abren, las larvas empiezan a penetrar en el árbol a partir de las ramas secundarias, en la axila de los brotes jóvenes. Los primeros ataques se caracterizan por galerías de pequeñas dimensiones que se alargan con el tiempo. Tras estropear las ramas, las larvas atacan las ramas secundarias de un año y más, cavando galerías que pueden alcanzar los 40 centímetros de longitud. A su salida, donde se encuentra el taladro, la erosión y los excrementos se acumulan. Cuando su crecimiento termina, la larva forma un capullo cerca de la salida de la galería (en abril-mayo).

Los ataques tienen, como puede adivinarse fácilmente, graves consecuencias. Las ramas se secan, se marchitan, y se rompen bajo la acción de los agentes atmosféricos. En el caso de los árboles jóvenes, llegan incluso a provocar su muerte.

El tratamiento

Para ser eficaz, debe aplicarse en las larvas jóvenes y en las que migran (estadio paseante). Es conveniente talar las ramas infestadas, y luego matar las larvas introduciendo un alambre en las galerías o inoculando, a finales de verano, principios activos (clorfos y mevimfos).

Es conveniente mantener el árbol en un buen estado de vegetación para que pueda reaccionar mejor a los daños causados por este parásito.

El pulgón ceniciento del peral

Pertenece a la familia de los áfidos que pululan en los árboles frutales.

Es muy perjudicial: su aparato bucal picante y sorbedor sustrae la savia y las sustancias nutritivas de los brotes jóvenes, las yemas y los frutos. En el caso del pulgón, sólo las hojas permanecen en el árbol. Esta especie gana cada vez más terreno y preocupa a los fruticultores.

Tras hibernar en forma de huevo, las primeras hembras nacen a finales de marzo; son las que formarán las primeras colonias durante la floración. Las hojas atacadas se deforman y se encogen haciéndose carnosas. Las colonias de pulgones son perceptibles si cuentan con muchos individuos, insectos de tres milímetros de largo, violáceos, que presentan un polvillo gris. Los áfidos tienen la característica de producir una melaza que constituye un conjunto de excrementos azucarados. El pulgón del peral produce mucha y cubre las hojas y los frutos sobre los que se desarrollan fumaginas, un hollín negruzco que proviene de hongos que estropean definitivamente el fruto.

El tratamiento

Es difícil alcanzar a los parásitos en la medida en que las colonias están recubiertas por ese polvillo. Cabe citar entre los productos químicos más empleados: el pirimicarb, el vamidotion, así como los piretinoides. En los huertos familiares, los depredadores naturales suelen ser suficientes para controlar el parásito.

EL CULTIVO BIOLÓGICO

El renovado interés que despierta el cultivo biológico responde a una demanda creciente de los consumidores por comer «bio», biológico; ello se inscribe en una nueva exigencia: la de alimentarse sanamente. En la era de los cultivos intensivos, muchos son los particulares o incluso las empresas que han sido tentadas por el cultivo biológico. Si bien la cuota del mercado biológico representa una fracción muy reducida del presupuesto total destinado a la alimentación, su apertura ofrece unas oportunidades nada desdeñables. Los principios de este cultivo exigen un tratamiento particular de la tierra. El cultivo biológico exige por parte de los cultivadores una motivación profunda y una transformación técnica, ya que se basa en:

— la eliminación de los productos químicos de síntesis;
— la creación de un nuevo ecosistema;
— el abandono de la explotación intensiva del suelo;
— el retorno a la rotación de cultivos;
— el reciclaje de las sustancias orgánicas naturales.

Es importante señalar que el rendimiento obtenido es mucho menor que en el caso de los cultivos intensivos, pero en contrapartida se explota *sabiamente* la tierra y se extraen frutos y verduras sanos, en armonía con el ecosistema natural.

Los elementos que constituyen el suelo

No debemos olvidar nunca que el éxito de los futuros cultivos dependerá de la calidad del suelo; por lo tanto, es primordial conocer bien los elementos que lo constituyen.

 GUÍA COMPLETA DEL CULTIVO DE LAS PERAS

En estado natural, el suelo es el lugar donde se desarrolla la parte más importante del aparato radical de los vegetales. La vegetación que lo recubre (especialmente las hojas muertas) enriquece sus distintas capas gracias a un proceso de descomposición. En el suelo cabe diferenciar dos capas principales:

— la capa superior o capa activa, muy rica en humus, en agua y en aerobios, y que debe estar aireada, y ser rica y ligera;
— la capa inferior o capa inerte está formada por una tierra compacta, muy rica en anaerobios y compone el último grueso antes de la roca madre.

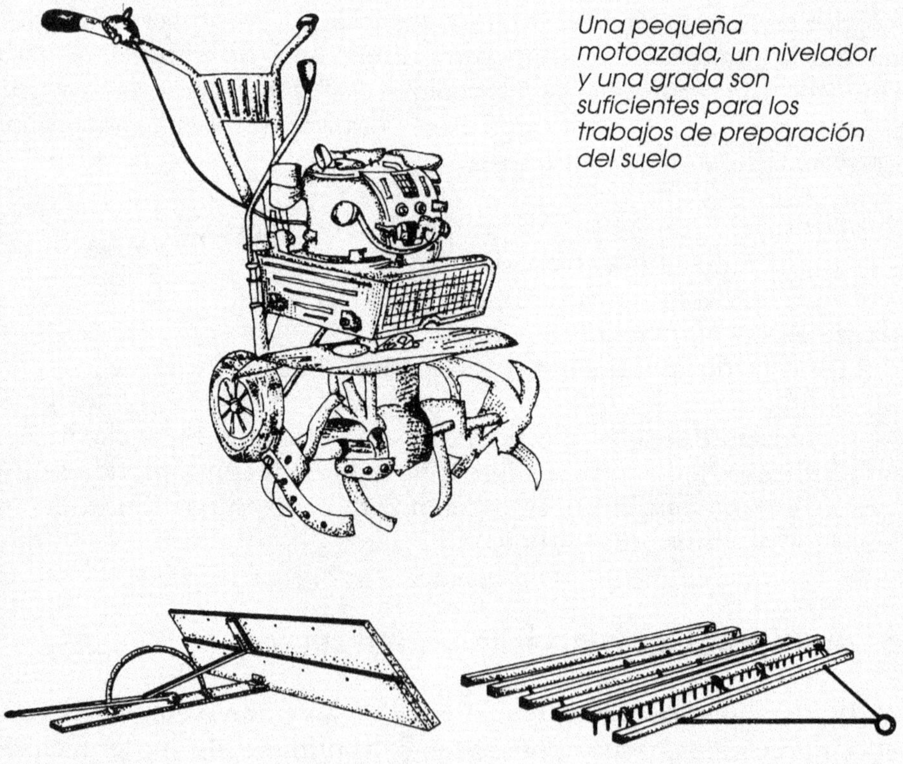

Una pequeña motoazada, un nivelador y una grada son suficientes para los trabajos de preparación del suelo

EL CULTIVO BIOLÓGICO

Conviene nivelar separadamente cada capa para obtener un suelo de características uniformes y para evitar enterrar la capa activa

Las sustancias minerales

El suelo está constituido por un 90 % de sustancias minerales, que son:

— la arcilla, que fija las sales minerales y almacena agua;
— la arena, la grava y los guijarros, que realizan una función esencial favoreciendo la circulación del aire y el agua;
— el limo.

La materia orgánica

Está formada por todos los organismos vivos. Los elementos principales que la constituyen son: el carbono, el nitrógeno, el oxígeno y el hidrógeno. El humus representa este depósito de sustancias orgánicas y es un elemento de gran valor, que permite el almacenamiento de agua y aporta los nutrientes necesarios para el desarrollo de las plantas. Además de las sustancias orgánicas y minerales, el suelo está constituido por una flora (bacterias, hongos microscópicos...) y una fauna abundante (lombrices de tierra, insectos, arácnidos...) que desempeñan un papel absolutamente esencial en el equilibrio del suelo.

Conocer la naturaleza del suelo

Cabe distinguir cuatro tipos de suelo:

• *Los suelos blandos.* Esencialmente compuestos por materiales arenosos (hasta el 70 % de la materia total), su permeabilidad es importante; provoca una gran pérdida de agua y de sustancias nutrientes.

• *Los suelos pesados.* Constituidos en su mayor parte por arcilla, dificultan el paso del aire. Puede formarse una capa de limo en la superficie.

• *Los suelos húmicos.* Su estructura es más ligera. Contienen aproximadamente un 20 % de materia orgánica. Aunque por un parte son fáciles de trabajar, tienen tendencia a ser demasiado ácidos por la ausencia de un sustrato alcalino.

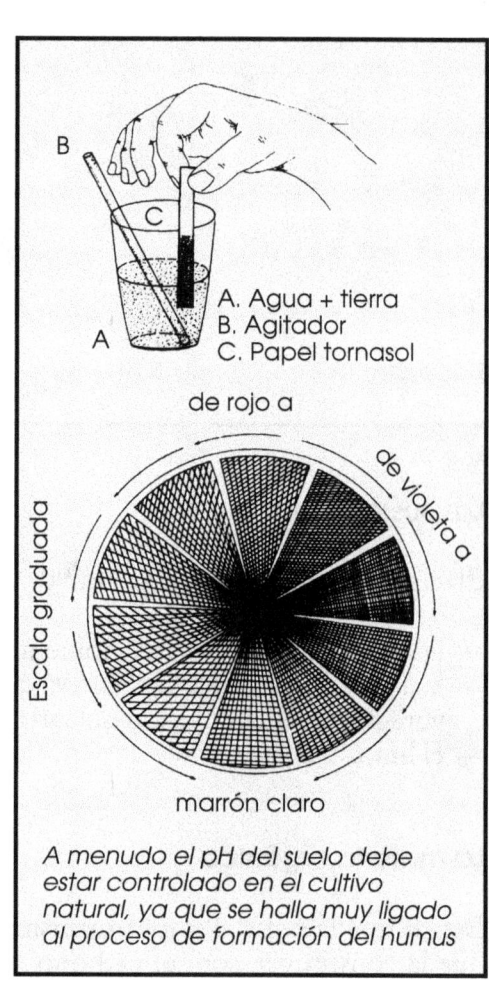

A. Agua + tierra
B. Agitador
C. Papel tornasol

de rojo a
de violeta a
marrón claro

Escala graduada

A menudo el pH del suelo debe estar controlado en el cultivo natural, ya que se halla muy ligado al proceso de formación del humus

EL CULTIVO BIOLÓGICO

• *Los suelos francos.* Son tierras equilibradas entre los distintos constituyentes.

¿Cómo pasar del cultivo tradicional al cultivo biológico?

Un suelo enriquecido durante mucho tiempo con abonos y fertilizantes químicos debe ser sometido a una limpieza; en efecto, es indispensable «desintoxicarlo» para eliminar, por una parte, las sustancias químicas de síntesis y, por otra parte, para volver a crear una fauna y una flora bastante ricas que permitan un desarrollo natural de los vegetales que se planten posteriormente.

Presentamos a continuación resumidas en un cuadro las diferentes etapas que hay que seguir:

EN FASE DE TRANSICIÓN (HASTA 2 AÑOS)
• Fertilizar el suelo con frecuencia, en pequeñas cantidades.
• Humificar paulatinamente el suelo (la microflora va a multiplicarse progresivamente y a absorber todas las sustancias químicas de síntesis en suspensión en el suelo).
• En último lugar, se realiza el abonado del suelo.

Si el suelo se encuentra demasiado agotado por cultivos llamados «intensivos», es conveniente someterlo a un amplio periodo de descanso y a continuación proceder a un abonado en verde. Se trata simplemente de fertilizarlo con vegetales vivos.

Se enterrarán plantas en el suelo, sobre todo forrajeras, unos días antes de su floración, ya que es el periodo en el que los vegetales son más ricos en nutrientes.

A medida que estos vegetales se transformen en humus, se liberarán los restos de las plantas enterradas.

> ## LOS PRODUCTOS «BIO»
>
> Existen diversas categorías de productos biológicos. Esta denominación se aplica en efecto, tanto a aquellos productos que de un extremo a otro del proceso de producción han respetado los principios de la agricultura biológica, como a aquellos que sólo aplican en los cultivos parte de estos principios. Para ayudar al consumidor a comprender lo que se esconde detrás de una etiqueta «producto bio», las autoridades competentes han descompuesto los productos en cinco grupos:
>
> - **los productos «bio» en un porcentaje superior a un 95 %:** el contenido de estos productos en ingredientes biológicos de origen agrícola es superior a un 95 % y su etiquetado está autorizado;
>
> - **los productos «bio» en un porcentaje superior a un 70 %:** estos productos no pueden utilizar la denominación «agricultura biológica» en la venta, pero pueden indicar el porcentaje;
>
> - **los productos «bio» en un porcentaje superior a un 50 %:** esta categoría debería desaparecer pronto;
>
> - **los productos «bio» en un porcentaje inferior a un 50 %:** no está autorizado a mencionar el cultivo biológico en las etiquetas;
>
> - **los productos «bio» en conversión:** son productos controlados, cuyas materias primas proceden de explotaciones en conversión hacia la agricultura biológica desde al menos un año antes de la cosecha. Se autoriza mencionar esta situación en la etiqueta.
>
> Es conveniente saber que desde el 1 de enero de 1997, el nombre del organismo certificador es obligatorio en todos los productos de agricultura biológica.

El cultivo biológico aplicado a los perales

El suelo

Los perales se desarrollan particularmente bien en las tierras francas. Aprecian los climas templados; aunque resisten bien las temperaturas invernales, temen las heladas tardías en el estadio de la floración (en marzo-abril). Es posible efectuar aportaciones de abono y de mantillo o

EL CULTIVO BIOLÓGICO

compost a principios de temporada (otoño). Los perales están igualmente enriquecidos con el humus proveniente de la descomposición de sus propias hojas.

La selección de las variedades

Una antigua variedad, la *Condesa de París*, está actualmente muy en boga. Resiste muy bien las enfermedades, sus rendimientos son excelentes y además se conserva durante mucho tiempo tras su periodo de maduración. Por todas estas características, se recomienda dicha variedad para el cultivo biológico.

El mantenimiento

En el cultivo biológico, es posible dejar crecer los perales según su forma natural, pero igualmente puede optarse por formas de poda clásicas: en palmeta, en capitel, en huso. Es aconsejable realizar el aclareo manualmente.

La lucha contra los agentes patógenos y las enfermedades

Consultando la tabla de la página siguiente se pueden conocer los productos autorizados en el cultivo biológico para el tratamiento de los vegetales contra los devastadores y las enfermedades.

Respecto a los perales, he aquí los posibles tratamientos para luchar contra ciertas enfermedades:

— contra la roña, se efectuarán tratamientos preventivos con azufre, cobre (caldo bordelés);
— para luchar contra las carpocapsas, debe atraerse a pájaros (nidales, alimentación) que son preciosos auxiliares para eliminar a esos parásitos;
— para el pulgón, tratar el problema con piretro y aceites de parafina. Se puede recurrir a las cochinillas, que son muy aficionadas a él.

PRODUCTOS AUTORIZADOS PARA COMBATIR LOS PARÁSITOS Y LAS ENFERMEDADES

- Preparados a base de piretrinas extraídos del *Chrysanthemum cinerariefolium*
- Preparado a base de *Derris elliptica*
- Preparado a base de *Ryania speciosa*
- Propóleos
- Tierra de diatomea
- Polvo de roca
- Preparados a base de metaldehído
- Azufre
- Caldo bordelés
- Caldo borgoñón
- Silicato de sodio
- Bicarbonato de sodio
- Jabón potásico
- Preparados a base de feromonas
- Preparados a base de *Bacillus thuringiensis*
- Aceites vegetales y animales
- Aceite de parafina

LA RECOLECCIÓN Y LA CONSERVACIÓN

La recolección

En nuestro país, donde la mayoría de peras se consume como fruta de mesa, la cosecha se realiza manualmente. Los frutos son manipulados con precaución para evitar cualquier magulladura y lesión que pueda comprometer el aspecto de la fruta y su aptitud para la conservación. Las peras de verano son más delicadas.

La recolección constituye una operación larga y costosa, aunque las empresas bien organizadas disponen de medios que la hacen más rápida y económica. A partir de datos recientes se ha evaluado que el coste medio de cosecha de un kilo de peras *Conferencia* en una empresa supera las 12,50 ptas., lo que representa el 40 % o el 50 % del coste total de la producción. El método que se manifiesta verdaderamente eficaz para reducir los costes de cosecha consiste en limitar lo más posible la altura de los árboles (escogiendo un portainjerto débil y también interviniendo con operaciones de poda) y utilizar plataformas frutales en un campo de cosecha bien organizado.

La fecha de cosecha es determinante para la calidad del fruto. Sólo los frutos cosechados en el momento adecuado (ni demasiado verdes ni demasiado maduros) presentan buenas cualidades gustativas y una buena aptitud para la conservación. No obstante, es difícil establecer en la práctica cuál es el «justo grado de maduración».

Sería bueno con este fin expresar desde el punto de vista fisiológico el significado y la evolución de este proceso. Empieza sobre el árbol tras el crecimiento del fruto y termina después de la recolección. Las principales modificaciones que caracterizan el fenómeno de maduración, y que se producen de modo más rápido en las variedades prematuras que en las variedades tardías, son:

— disminución de la firmeza de la pulpa, debido a la hidrólisis gradual de las pectinas;
— hidrólisis del almidón y su transformación en azúcares (fructosa, glucosa y sacarosa);
— disminución y desaparición de la clorofila, lo que explica el cambio de color de la epidermis; el color verde deja paso al color amarillo (y rojo) de los pigmentos;
— disminución de la acidez y de la astringencia;
— aumento de sustancias volátiles determinantes del aroma y los sabores;
— respiración activa del fruto (incluso separado del árbol) con emisión de gas carbónico y de etileno. Este gas acelera a su vez el proceso.

En la mayoría de casos, las peras ganan al ser recogidas antes de su madurez completa. En efecto, resisten mejor el transporte y las manipulaciones (en particular las variedades que tienen una epidermis delicada como la *Mantecosa precoz Morettini*). La maduración termina tras la cosecha y las peras alcanzan, en general, excelentes características comerciales y gustativas. Varios factores indican el grado de madurez para la recogida de las peras.

Coloración de la epidermis. Se trata del color verde de fondo y no del rojo que recubre el fruto. Para algunas variedades, el grado de cambio de verde a amarillo claro es un indicio significativo. Por ello se han elaborado unas cartas colorimétricas con las tonalidades de color correspondientes al estado de madurez óptimo para la recolección de las peras.

Consistencia de la pulpa. Se trata del índice de firmeza. Mediante un penetrómetro se evalúa la resistencia que la pulpa, privada de la piel, opone a dejarse penetrar por un pistón metálico de un calibre de ocho milímetros. Cuanto más maduro está el fruto, más bajo es el grado de firmeza. Este índice cambia según las variedades.

Índice refractométrico. En unas cuantas gotas de zumo de la pera, se determina con un refractómetro la cantidad de residuo seco, que está estrechamente relacionado con el contenido en azúcares. Para las variedades de otoño, el residuo óptimo es de aproximadamente el 10 %.

Contenido en almidón de la pulpa. Se trata de evaluar la cantidad de almidón presente en la pulpa. Después de cortar la pera a lo ancho, se pone en contacto con una solución acuosa de yodo (2,5 ‰) y de yoduro potásico (10 ‰) durante uno o dos minutos. Cuanto más verde es el fruto, más se

LA RECOLECCIÓN Y LA CONSERVACIÓN

colorea la pulpa de violeta oscuro. No se observa ninguna coloración para los frutos maduros, que están completamente privados de almidón (se ha transformado en azúcares). La fecha óptima de recogida corresponde a una intensidad de color que difiere de variedad en variedad.

Relación índice refractométrico/acidez. Es un buen índice práctico para determinar la fecha de cosecha: para limitar al máximo las podredumbres en la cámara frigorífica, es preciso que alcance 3,5 aproximadamente. El fruto que se coge con facilidad, el grosor de las peras y la intensidad de las zonas rojas son índices de maduración poco fiables. El color pardo de las pepitas puede igualmente ser una señal de maduración.

El clima ejerce gran influencia en la maduración y por lo tanto en la época de recolección, pero siempre en función de las características de la variedad, que son determinantes. A la misma latitud, los frutos presentan una maduración mucho más tardía cuando la altitud es notable.

Mientras que en un huerto familiar, las peras se recolectan como antes, simplemente con la ayuda de cestas y de escaleras, y luego se colocan en cajas, las técnicas de recolección, en cambio, han evolucionado en los campos intensivos en el transcurso de los diez últimos años gracias a la mecanización. En los campos gestionados en filas (en palmeta, por ejemplo), los remolques a tracción o los tractores automotores son los que se utilizan para la recolección. Estas máquinas están provistas de plataformas laterales, en las que se encuentran los recogedores que separan los frutos del árbol a medida que avanza el vehículo y los colocan directamente en las cajas o en grandes cajas «paletizadas». En los campos donde los árboles tienen formas de volumen, se recurre a plataformas elevadoras hidráulicas y automotrices, gracias a las cuales el operador alcanza la posición facilitando al máximo la recogida. Este material es, no obstante, oneroso.

Algunos consejos prácticos

Manipule los frutos con delicadeza; recórtese las uñas antes para evitar dañar la epidermis. Las peras deben ser recogidas de una en una, sometiendo el fruto a una torsión para desenganchar la base del pedúnculo sin provocar la ruptura del lombardo a la que está sujeto. Este lombardo está destinado a formar nuevas yemas para las futuras producciones. Las peras deben finalmente ser colocadas con delicadeza en el contenedor cuyo fondo y paredes estarán recubiertos, o al menos no presentarán asperezas. Son aconsejables, para los árboles más altos, los «sacos tiroleses» que se llevan en bandolera y dejan las manos libres.

Las escaleras deben ser de tres pies para no tener que apoyarlas contra el árbol y poder alcanzar las ramas externas y aisladas, sin peligro para el operador. La recolección se efectúa de abajo arriba. Se realiza generalmente en una sola vez, pero se obtienen mejores resultados desde un punto de vista cualitativo con dos recogidas, dando prioridad a los frutos más gruesos y con una madurez relativamente más avanzada.

La conservación

La pera es un fruto que se presta bastante bien a la conservación. Por lo general, las peras tardías son las que presentan mejor aptitud para esta práctica, aunque ciertas variedades estivales también pueden conservarse, sin que aparezca el fenómeno clásico de descomposición interna. Ciertas variedades tienen tiempos de conservación muy cortos como la *Klapp's Favourite*; otras los tienen medios, como la *Williams* y la *Abate Fétel*, y otras los tienen muy largos, como la *Decana del Comicio*. Estas diferencias están relacionadas con fenómenos fisiológicos que permiten que los procesos de maduración se efectúen con una intensidad diferente.

La maduración excesiva es el mayor riesgo para las peras. Para paliar este inconveniente, se puede recurrir a dos medios: la recolección en el momento óptimo y la refrigeración.

Es evidente que cada variedad tiene sus parámetros de maduración de cosecha, que tienen igualmente en cuenta la aparición de fisiopatías posteriores. La refrigeración se acompaña de técnicas más recientes como la prerrefrigeración y la atmósfera controlada.

La prerrefrigeración

La prerrefrigeración, práctica que proviene de Estados Unidos, consiste en someter el fruto apenas recogido a una rápida disminución de la tem-

LA RECOLECCIÓN Y LA CONSERVACIÓN

peratura. Esto puede efectuarse de varias maneras: lo ideal sería disponer, lo más cerca posible, de pequeñas cámaras o de túneles refrigerantes que permitieran frenar la actividad respiratoria del fruto y limitar la difusión de los microorganismos contaminantes.

En nuestro país, en general, se recurre a la refrigeración en cámara por aire o por agua (hidrorrefrigeración).

Se utilizan, para la prerrefrigeración de aire, cámaras en las que se introduce una cantidad de frutos igual al 30 % de la capacidad total. En algunas horas se puede así obtener la disminución de la temperatura deseada (de 15 °C a 20 °C), aunque normalmente se necesitan veinticuatro horas. La aspersión de agua continua a 2 °C-3 °C, con un gasto de cincuenta litros por quintal de producto, es también una buena técnica.

La hidrorrefrigeración reduce también las pérdidas por transpiración y, a largo plazo, variedades como la *Williams* han dado resultados muy interesantes. La prerrefrigeración es pues necesaria no sólo para las peras de verano destinadas a una distribución inmediata (ejemplo: *Limonera*) sino también para las destinadas a la conservación (ejemplo: *Williams*). Toda variedad puede beneficiarse de un tratamiento de este tipo, que permite retrasar uniformemente la maduración.

La refrigeración

Para obtener mejores resultados, es necesario tener presentes ciertos principios de la fisiología de la pera después de la recolección, sobre la que el estado óptimo de madurez ejerce gran influencia. Se aconsejan a menudo tiempos bastante cortos de premaduración antes de la refrigeración propiamente dicha, así como tratamientos contra las pudriciones, siempre después de la cosecha.

La conservación se efectúa a temperaturas ligeramente inferiores a las que se utilizan para las manzanas, en general de 0,5 °C a 1 °C, ya que debe evitarse la madurez excesiva. La temperatura debe ser uniforme y la ventilación particularmente eficaz para no padecer un exceso de humedad y una acumulación de productos gaseosos. El espacio debe estar acondicionado de forma racional: la cantidad de peras no debe superar los 200 o 250 kg por metro cúbico para permitir que el aire circule libremente. Si el difusor de frío está demasiado cerca de los frutos, es conveniente protegerlos con lonas o cartones para evitar cualquier daño debido al hielo. El grado higrométrico debe mantenerse constantemente a más del 85 %, por ejemplo mediante nebulizadores o vaporizadores.

La atmósfera controlada

Además del uso del frío, la modificación de los porcentajes de gas que se encuentran en el aire de las cámaras ha demostrado ser de gran importancia con el fin de frenar los procesos de respiración y de maduración. Aumentando el índice de gas carbónico y reduciendo el índice de oxígeno, se retrasa el cambio de color del fruto, la pérdida de firmeza de la pulpa y el metabolismo de forma mucho más eficaz que con la simple refrigeración. Sin embargo, es preciso que no haya demasiado gas carbónico, ya que se correría el riesgo de provocar fenómenos de asfixia y toxicidad. Actualmente, parece que las condiciones óptimas se obtienen con los parámetros siguientes:

— temperatura: 0 °C;
— CO_2: 2 % a 5 %;
— O_2: 5 %.

La toxicidad del gas carbónico ha constituido uno de los elementos que limitan la conservación de las peras en atmósfera controlada. Sin embargo, se han encontrado niveles de CO_2 no tóxicos en las variedades más importantes (*Williams*, *Guyot*, *Decana del Comicio*, etc.). Se desaconseja la atmósfera controlada para la *Conferencia*, y para la *Abate Fétel* supone un riesgo típico: el aplastamiento blando, que es una descomposición progresiva del fruto a partir de la epidermis.

La maduración complementaria

Es una técnica que se aplica a las peras antes de ser comercializadas y que no han alcanzado un grado de maduración suficiente durante la conservación. Se efectúa en cámaras.

LA RECOLECCIÓN Y LA CONSERVACIÓN

Los parámetros previstos son los siguientes:

— temperatura: debe estar cerca de los 20 °C. Al salir de la cámara frigorífica, las peras deben tener una maduración complementaria a una temperatura más elevada. Cuando la maduración empieza, podrá bajarse la temperatura;
— grado higrométrico medio: superior al 90 %;
— etileno: 1 %;
— oxígeno: 5 %;
— gas carbónico: inferior al 1 %.

Obviamente las cámaras deben ser impermeables a los gases y estar provistas de aparatos necesarios para la emisión de gases y su control. La duración varía mucho según la variedad y el tiempo de conservación: de dos a diez días.

La *Williams* destinada a la industria conservera es una variedad a la que se aplica casi siempre la maduración complementaria.

La *Passe-Crassane*, demasiado sensible al tizón, ha sido prohibida. Esta variedad tendrá pues tendencia a desaparecer en los próximos años.

El oscurecimiento tiene lugar debajo de la epidermis y el fruto aparece normal por fuera. Al cortar la fruta, se descubre un tejido de color oscuro y un olor típico de fermentación. El fruto ya no es comestible. Se obtiene una disminución de la incidencia de esta alteración retrasando su recolección, administrando un abono completo en gran cantidad y aumentando el contenido en gas carbónico de la cámara AC hasta el 10 %.

El paso a la cámara refrigeradora es muy útil para las peras recogidas antes de que estén maduras, ya que eso permite lograr mejores características.

LA UTILIZACIÓN INDUSTRIAL

Los principales usos industriales de las peras van desde su conservación en almíbar y la elaboración de macedonias de frutas hasta la destilación, pasando por los zumos y néctares.

La destilación representa el 60 %. Sólo la *Williams* se destina a esta transformación.

Los néctares, cada vez más apreciados por los consumidores, están en ligera expansión. Las demás preparaciones como los zumos líquidos, las peras secas, congeladas y confitadas no disfrutan todavía de una gran difusión. Sin embargo, se puede esperar una mayor demanda de este tipo de productos, muy solicitados por el mercado exterior, y sobre todo por Europa del norte.

Contrariamente a Italia, que se ha especializado en las peras en almíbar y donde cada año 100.000 toneladas de peras van a la transformación, en España este sector no ha progresado. Existe ahí una oportunidad que podría utilizarse en el futuro.

Las peras en almíbar

La experiencia de todos los países productores ha demostrado claramente que la mejor planta es en este caso la *Williams*. La textura, consistencia, color y ausencia de granulosidad de su pulpa la convierten en la variedad preferida para la conserva. Su forma y su calibre uniformes hacen que esté preparada para el tratamiento en mitades o en cuartos, y para una manipulación enteramente mecanizada con pocos desechos. Se han llevado a cabo experimentos con las peras *Mantecosa Hardy* y *Mantecosa Bosc (Kaiser)*, pero los resultados obtenidos han sido netamente inferiores.

LA UTILIZACIÓN INDUSTRIAL

La transformación de las peras se inicia al menos un mes antes de la recolección, es decir, en septiembre. Las industrias reciben los frutos aún de color verde y de calibre uniforme, un producto altamente estandarizado y con el mismo grado de madurez. A veces es necesario efectuar una maduración rápida a 20 °C poco antes del tratamiento. Cuando las peras están listas, se someten a una serie de procesos y finalmente se enlatan.

El lavado. El lavado en agua va seguido por el transporte en cintas de una cierta amplitud para permitir la elección manual de los frutos.

La monda. Puede ser mecánica o química. En el primer caso, se quita la piel mediante cuchillas rotativas; en el segundo, los frutos se sumergen en una solución de sosa cáustica a 90 °C-95 °C durante algunos segundos. Se someten después a la acción de pulverizadores de agua para eliminar la piel que se ha desenganchado, se cortan en dos o cuatro trozos y se elimina el corazón y el pedúnculo. La monda mecánica acarrea mayores pérdidas de peso y también es más costosa. Hoy día, se prefiere la monda o pelado químico.

La selección. Consiste en eliminar los medios frutos o trozos de peras mal formados, eventualmente destinados a subproductos (macedonias). Los frutos pasan por unas cintas transportadoras especiales, con el fin de que el personal pueda proceder fácilmente a la eliminación de los desperdicios.

El enlatado. La operación es automática: las latas se llenan de trozos de pera y de almíbar obtenido a partir de una solución azucarada que contiene de un 15 % a un 20 % de sacarosa. Las latas se esterilizan a continuación hirviéndolas durante algunos minutos o haciéndolas pasar por un túnel, bajo vapor muy caliente, de 15 a 30 segundos. A este último tratamiento le sigue un rápido enfriamiento, pasando bajo una corriente de agua para disminuir la temperatura interna desde 90 °C-95 °C hasta 35 °C, con el fin de evitar coloraciones anormales de la pulpa o la caramelización eventual del almíbar.

Las pulpas, compotas y néctares

Las pulpas son un producto intermedio destinado a la preparación de néctares, y de zumos líquidos y homogeneizados para niños.

Una vez lavados, los frutos enteros se prensan y luego se filtran para suprimir la piel, el corazón, las pepitas, etc. En el caso de la compota, las pieles y los corazones deben ser eliminados previamente para conseguir un producto más fino, aunque resulte más caro. La última operación de conserva consiste en la preparación de latas de cinco kilos o más, en las que se vierte la pulpa, expulsando el aire. Finalmente se esterilizan.

La pulpa obtenida puede emplearse para el néctar añadiendo una solución azucarada al 50 % y bastante ácido ascórbico para impedir el oscurecimiento del producto. Para completar el tratamiento, se realiza la deshidratación en caliente, al vacío, y su homogeneización.

COSTES DE PRODUCCIÓN Y REGLAMENTACIÓN

Estimación de los costes

Los perales entran generalmente en plena producción en su cuarto año si los árboles han sido injertados en membrillero, y en el sexto año en el caso del pie franco. La producción media anual es muy variable, ya que depende de muchos factores climáticos y de cultivo. Se estima que en el transcurso de la vida productiva (que es del orden de veinte a veinticinco años de media) es de veinticinco a treinta toneladas anuales por hectárea.

PRODUCCIÓN EN TONELADAS POR HECTÁREA		
6.º año	7.º año	8.º año
10 a 20	15 a 30	30 a 45

Los costes de equipamiento y producción han aumentado considerablemente en estos últimos años, especialmente debido al encarecimiento de la mano de obra (la poda exige personal especializado). Por otra parte, los precios de venta de las peras no son siempre muy rentables debido a los frecuentes excedentes de producción frente a la demanda nacional e internacional. Pero el desequilibrio se compensa, en parte, por la demanda de producto para la transformación industrial (que afecta sobre todo a la *Williams*, como hemos dicho).

El siguiente cuadro expone los costes de producción por hectárea de una peraleda, desde la plantación hasta la producción[3].

---

3. Los costes se dan a título indicativo y no constituyen un presupuesto. Constituyen una base de salida para una estimación global de los costes que comporta la creación de un vergel.

GUÍA COMPLETA DEL CULTIVO DE LAS PERAS

COSTE DE UNA PLANTACIÓN POR HECTÁREA
(BASADO EN 1.450 ÁRBOLES POR HECTÁREA)

Preparación
— análisis del suelo
— desfondamiento mecánico a 80-90 cm
— ablandamiento del suelo
— abono del suelo

Subtotal 1 .... **650.750 ptas.**

Plantación
— mano de obra .... 137.500 ptas.
— plantas .... 969.675 ptas.

Subtotal 2 .... **1.107.175 ptas.**

Colocación del empalizado
— mano de obra .... 175.000 ptas.
— tracción .... 50.000 ptas.
— abastecimientos .... 200.000 ptas.

Subtotal 3 .... **425.000 ptas.**

Amortización del material .... 22.500 ptas.
Total plantación .... **2.205.425 ptas.**

1.er brote .... 700.000 ptas.
2.º brote .... 372.500 ptas.
3.er brote .... 375.000 ptas.
4.º brote .... 227.500 ptas.
5.º brote .... 62.500 ptas.

Total costes antes de la producción .... **3.942.925 ptas.**

COSTES DE PRODUCCIÓN Y REGLAMENTACIÓN

La reglamentación del mercado

La legislación vigente está regida a escala nacional y europea por el reglamento n.º 920/89, modificado por los reglamentos n.º 421/90 del 19 de febrero de 1990, n.º 487/90 del 27 de febrero de 1990, n.º 1763/90 del 27 de junio de 1990, n.º 3544/90 del 7 de diciembre de 1990, n.º 3185/92 del 30 de octubre y n.º 2611/93 del 23 de septiembre de 1993.

La norma vigente describe las características cualitativas, el calibre y las tolerancias que deben ser respetadas en todas las expediciones de peras destinadas al consumo como productos frescos, excluyendo las destinadas a la transformación.

Clasificación

Los frutos se clasifican en cuatro categorías.

Las peras de la categoría «extra». Deben ser de calidad superior. Deben presentar la forma y el color típico de su variedad y estar provistas de pedúnculo intacto. Además, no deben tener defectos. Sólo se admiten ligeras alteraciones en la piel.

Las peras de la categoría «1». Deben ser de buena calidad. Deben presentar las características de la variedad; sin embargo, se puede admitir una ligera deformación, un ligero defecto de desarrollo o de coloración. Los defectos de forma alargada están limitados a 2 centímetros de largo, mientras que para los demás, la superficie total no debe exceder un centímetro cuadrado, salvo las manchas producidas a causa de la roña, que no deben presentar una superficie superior a un cuarto de centímetro cuadrado.

Las peras de la categoría «2». Corresponden a las características siguientes: se admiten defectos de forma, de desarrollo y de coloración con la condición de que los frutos conserven sus características. El pedúnculo puede faltar si no existe deterioro de la epidermis.

Se aceptan los defectos de forma alargada en una longitud máxima de 4 centímetros; para los demás defectos, la superficie total está limitada a 2,5 centímetros cuadrados salvo las manchas debidas a la roña, que no deben presentar una superficie superior a 1 centímetro cuadrado.

Las peras de la categoría «3». Corresponden a las características previstas para la categoría «2», pero los defectos de epidermis pueden ser más importantes; no deben sin embargo exceder los 6 centímetros para los defectos de forma alargada, 5 centímetros cuadrados para los demás defectos salvo las manchas debidas a la roña, que no deben presentar una superficie total superior a 2,5 centímetros cuadrados.

Respecto al calibre, las normas se ilustran en el cuadro siguiente.

DISPOSICIONES SOBRE EL CALIBRE				
	« extra »	« 1 »	« 2 »	« 3 »
Variedades de frutas grandes	60 mm	55 mm	55 mm	45 mm
Otras variedades	55 mm	50 mm	45 mm	45 mm

Tolerancia de calidad

En la categoría «extra», el 5 % en número o peso de las peras no corresponde a las características de la categoría pero es conforme a las de la categoría «1».

Para la categoría «1», el 10 % en número o peso de las frutas no corresponde a las características de la categoría sino que es conforme a las de la categoría «2».

Para las categorías «2» y «3», el 10 % en número o peso de frutos no corresponde a las características mínimas, salvo los frutos afectados por pudrición, magulladuras pronunciadas o cualquier otra alteración que los haga impropios para el consumo.

En las categorías «2» y «3», se puede admitir como máximo el 2 % en número o peso de frutos dudosos o con los defectos siguientes:

— ataques importantes de enfermedades vítreas;
— lesiones o hendiduras no cicatrizadas;
— restos muy tenues de pudrición.

COSTES DE PRODUCCIÓN Y REGLAMENTACIÓN

Tolerancia de calibre

Para las categorías «extra», «1» y «2», sometidas a las reglas de homogeneidad, es tolerado el 10 % en número o en peso de frutos de calibre inmediatamente inferior o superior. Para las frutas no sometidas a las reglas de homogeneidad, se acepta el 10 % en número o peso de frutas que no alcance el calibre mínimo previsto.

Para la categoría «3», las disposiciones son idénticas a las previstas para los frutos no sometidos a la regla de homogeneidad con un porcentaje que llega sin embargo al 15 %.

Presentación

Homogeneidad

El contenido de cada paquete debe comportar peras del mismo origen, variedad y calidad, y con el mismo estado de madurez. Para las peras de categoría «extra», se exige homogeneidad de color.

Acondicionamiento

Las peras de la categoría «extra» deben estar envasadas en capas ordenadas y protegidas; los materiales deben ser nuevos y no tóxicos (tinta y pegamento no tóxicos). En el exterior de cada embalaje deben inscribirse en letras legibles e indelebles las indicaciones siguientes:

- *Identificación*
— envasador;
— expedidor;
— nombre y dirección o identificación simbólica entregada por un servicio oficial.

- *Nombre del producto*
— «Peras» si el contenido no es visible desde fuera;
— nombre de la variedad para las categorías «extra» y «1».

- *Origen del producto*
— país de origen;
— eventualmente, zona de producción o apelación nacional, regional o local.

- *Características comerciales*
— categoría;
— calibre o número de piezas.

RECETAS

Las peras son excelentes consumidas frescas en las distintas estaciones. En el corazón del invierno, su pulpa perfumada y jugosa enriquece el abanico de sabores que pueden ofrecernos la frutas. Son igualmente válidas para la cocina, donde se prestan a múltiples preparaciones gastronómicas. Cocidas, se utilizan en pastelería, pero también para preparar compotas (*Decana del Comicio*, *Conferencia*, *Buena Luisa de Avranches*). La *Curé* es muy apreciada pochada en vino blanco con un poco de azúcar y un poco de limón.

Sucede lo mismo con la *Mantecosa Bosc*, muy sabrosa como fruta de mesa.

Bizcocho de peras

Para 4-6 personas

500 g de peras (de pulpa)
3 huevos
60 g de mantequilla
1/2 l de leche
100 g de harina
150 g de azúcar en polvo
1 vasito de coñac
1 pizca de sal

Después de pelar las peras, cortarlas en cuartos, retirar los corazones y las pepitas y hacer láminas finas de cada cuarto dejando un punto de unión. Calentar el horno a temperatura media.

Calentar la leche.

En una fuente de horno, calentar ligeramente la mantequilla. Mezclar en un cuenco los huevos con 100 g de azúcar, la harina y la sal. Batir ligeramente hasta obtener una crema fina. Verter despacio la mantequilla fundida, la leche caliente y el coñac. Inclinar en todos los sentidos la fuente en la que se ha fundido la mantequilla para que quede completamente engrasada. Dejar enfriar antes de disponer las peras y cubrir con la masa. Espolvorear con el resto de azúcar.

Llevar la bandeja al horno y dejar cocer de 30 a 35 minutos.

Se puede servir caliente, templado o frío.

RECETAS

Charlotte de peras

Para 6 personas

*24 bizcochos
1 latita de peras en almíbar
3 huevos
1/4 l de leche entera
2 hojas de gelatina
75 g de azúcar fino
1 poco de vainilla
jarabe de casis o frambuesa*

Después de separar las claras de las yemas, reservar dos claras. Hacer una crema inglesa con las yemas, la leche, el azúcar y la vainilla. Añadir a continuación la gelatina previamente reblandecida en agua fría y escurrida. Remover para que la gelatina se disuelva bien y dejar enfriar. Escurrir bien las peras reservando el almíbar.

Batir las claras a punto de nieve e incorporarlas con cuidado a la crema inglesa.

Pasar los bizcochos por el almíbar y forrar el fondo y las paredes del molde de *charlotte* (o bien de un molde de *soufflé* o una cazuela). Disponer algunos trozos de pera, luego un poco de crema, luego el resto de peras y de crema, y acabar con una capa de bizcochos empapados. Colocar un plato y un peso sobre el conjunto e introducirlo en el frigorífico durante 6 horas. Retirar del molde y servir con el jarabe de casis o de frambuesa.

Variante

Es posible sustituir los bizcochos por un bizcocho grande, de los utilizados para hacer pasteles. Basta con abrirlo y vaciarlo de un solo lado, rellenarlo con la crema y las peras, y meterlo en el refrigerador tras haber colocado de nuevo su «tapa».

Confitura de peras maduras

Peras maduras
Azúcar
Limones

Mondar las peras, cortarlas en trocitos y ponerlas en una cazuela a fuego lento removiendo de vez en cuando hasta obtener una compota bien espesa. Añadir el zumo de 4 o 5 limones y 700 gramos de azúcar por kilo de pulpa obtenido.

Dejar cocer todavía un cuarto de hora y luego meter la compota en los envases bien limpios, dejando enfriar. Finalmente, cerrar los botes colocando debajo de la tapa un disco de papel filtro esterilizado o impregnado en alcohol.

RECETAS

Confitura de peras verdes con limón

1 kg de peras verdes
800 g de azúcar
4 limones

La pera es pobre en pectina, por lo que es preciso añadir los limones para dar una buena consistencia a la confitura.

Cortar las peras, sin mondarlas, en trocitos regulares y no muy grandes. Cortar en láminas los limones con la piel.

Poner a fuego muy lento y dejar cocer durante 2 horas aproximadamente hasta obtener una compota.

Añadir 800 gramos de azúcar por kilo de compota y luego ponerla en botes siguiendo las indicaciones de la receta anterior.

GUÍA COMPLETA DEL CULTIVO DE LAS PERAS

Gratén merengado de peras

Para 4-6 personas

6 peras
el zumo de 1/2 limón
50 g de almendras troceadas
3 cucharadas soperas de confitura de albaricoque
150 g de azúcar fino
100 g de azúcar glas
3 claras de huevo
1 pizca de sal

Hacer un almíbar vertiendo 3 cucharadas soperas de agua en una cazuela con el azúcar fino y una cucharadita de zumo de limón. Llevar a ebullición y dejar hervir 5 minutos.

Pelar las peras, cortarlas en cuartos y quitar las pepitas. Sumergir los cuartos en el almíbar hirviendo y dejar cocer hasta que sean translúcidos. Escurrir cuidadosamente. Añadir la confitura de albaricoque al almíbar y mezclar. Dejar espesar a fuego suave.

Untar con mantequilla un molde que pueda servir como plato de servicio después y disponer los cuartos de pera. Cubrir con el almíbar.

Calentar el horno a temperatura media.

Batir las claras a punto de nieve. Cuando empiecen a formar espuma, incorporar poco a poco, sin dejar de batir, el azúcar glas y la pizca de sal. Recubrir las peras con el merengue y espolvorear con las almendras troceadas.

Introducir en el horno y dejar dorar durante 10 minutos.

Servir templado.

RECETAS

Pastel de peras

150 g de mantequilla
150 g de azúcar
300 g de harina
100 g de pasas
3 huevos
1 bolsita de levadura
1 kg de peras maduras
1 vasito de ron
1/4 de l de nata líquida
un poco de leche

Trabajar la mantequilla y el azúcar; añadir los huevos, la harina y, si es preciso, unas cucharadas de leche, hasta obtener una masa muy fina.

Cortar las peras en trozos. Añadir las pasas y el ron y espolvorear con azúcar.

Añadir la levadura. Verter un tercio de la masa en un molde previamente untado con mantequilla y espolvoreado con harina. Cubrir con las peras cortadas en trozos y secas, y verter el resto de la masa, que no debe superar los dos tercios del molde. Llevar al horno caliente (200 °C) durante tres cuartos de hora aproximadamente.

Cuando el pastel esté frío, servirlo decorado con nata montada en el centro.

Postre de peras

6 peras medianas
6 barquillos
2 yemas de huevo
marsala
100 g de chocolate
azúcar
50 g de leche
vainilla

Mondar las peras de pulpa firme y vaciar la parte central retirando el corazón y las pepitas con la ayuda de un cuchillo de fruta.

Preparar un almíbar con agua, azúcar y vainilla en el que deben cocerse las peras.

Luego, para preparar las natillas: mezclar las 2 yemas con 2 cucharadas de azúcar y batir durante cinco minutos; añadir el marsala que quepa en 2 medias cáscaras de huevo y espesar al baño María.

Cuando las peras estén cocidas, disponerlas en un plato y rellenar la parte central de cada fruta con las natillas. Luego verter el resto de las natillas y poner un barquillo encima de cada pera. Cubrir con una crema de chocolate obtenida fundiendo este en la leche.

RECETAS

Soufflé de peras

Para 4 personas

2 o 3 peras Williams
2 yemas de huevo
5 claras de huevo
1 vaina de vainilla
3 cucharadas soperas de azúcar

Pelar y quitar las pepitas de las peras bien maduras. En un cazo poner un poco de agua, 2 cucharadas soperas de azúcar y la vainilla, y llevar a ebullición. Introducir las peras y dejarlas cocer durante 10 minutos.

Retirar las peras de la cazuela y las pasar por la batidora o pasapurés hasta obtener un puré fino. Cuando se haya enfriado, añadir las yemas y mezclar bien. Incorporar el resto del azúcar sin dejar de mezclar. Batir las claras a punto de nieve y añadirlas cuidadosamente al puré de frutas.

Verter en un molde de *soufflé* que se mantedrá en el horno a temperatura media durante 20 o 25 minutos. Servir inmediatamente.

www.ingramcontent.com/pod-product-compliance
Lightning Source LLC
Chambersburg PA
CBHW080546090426
42734CB00016B/3209